강제동원&평화총서 - 감感·동動 2

파도가 지키는 감옥섬

윤지현 尹智炫 저

강제동원&평화총서 - 감感·동動2
파도가 지키는 감옥섬

초판 1쇄 발행 2013년 7월 31일

저　자 | 윤지현
발행인 | 윤관백
발행처 | 도서출판 선인

편　집 | 윤지원
표　지 | 윤지원
영　업 | 이주하

등　록 | 제5-77호(1998.11.4)
주　소 | 서울시 마포구 마포동 324-1 곳마루 B/D 1층
전　화 | 02)718-6252/6257　팩　스 | 02)718-6253
E-mail | sunin72@chol.com

정　가 6,000원
ISBN 978-89-5933-634-4 (세트)
ISBN 978-89-5933-638-8 04900

· 잘못된 책은 바꿔 드립니다.

강제동원&평화총서 – 감感·동動 2

파도가 지키는 감옥섬

윤지현 尹智炫 저

선인

일본 나가사키현(長崎県) 노모반도(野母半島) 서쪽, 나가사키항(長崎港)에서 약 18km떨어진 바다에 떠 있는 특이한 모양의 외딴섬 하시마(端島). 하시마를 먼 곳에서 보면 마치 바다에 떠 있는 한 척의 군함을 닮았다고 하여 일본에서는 '군함도(軍艦島)'라는 이름으로도 부른다. 하시마의 제방 너머에는 고층아파트 여러 채가 삐죽삐죽 솟아 있는데 사람은 아무도 살지 않으니 괴기스러운 분위기를 풍긴다. 사람들 사이에서 이 섬은 '유령이 나오는 섬', '소름 돋는 장소', '죽음과 원한이 서린 섬' 같은 수식어로 오르내린다.

하시마가 괴상한 모양을 하게 된 이유, 유령이 출몰할 법한 분위기인 이유, 섬에 죽음이 많고 원한이 서린 이유, 이 모든 이유는 하시마의 '석탄'에 있다. 게다가 하시마에 서린 많은 죽음과 원한에는 조선인의 죽음과 원한도 함께 있다.

한때는 일본 굴지의 대기업 미쓰비시(三菱)의 보물창고로 불렸던 하시마의 석탄 이야기, 하시마의 조선인들에 대한 이야기, 하시마에 서린 죽음과 원한에 대한 이야기, 최근에 일본 근대 석탄산업 유적 선정과 유네스코 세계문화유산 등록으로 스포트라이트를 받는 하시마의 오늘 …….

이 책은 우리 역사의 고통과 할아버지들의 아픈 기억을 담은 하시마의 빛과 그림자에 대해 들려준다.

제1장 • 괴기스러운 풍경의 외딴섬, 하시마(端島)　06

제2장 • 하시마(端島)와 석탄이야기　10
　1. 미쓰비시의 보물창고에 일본 최초의 콘크리트
　　 아파트가 들어선 이유　12
　2. 탄광개발 초기의 살벌한 풍경, '감옥섬'으로
　　 악명 높았던 하시마　15
　3. 사람의 온기가 사라진 차가운 콘크리트 섬　19

제3장 • 하시마(端島)탄광의 조선인 노동자　24
　1. 하시마에는 얼마나 많은 조선인들이 있었을까?　24
　2. 일본이 일으킨 전쟁 때문에 강제로 끌려온 조선인들　26
　3. 조선인 노동자의 감옥섬 생활기　29
　4. 전쟁 상황에 따라 멋대로 옮겨진 조선인들,
　　 원폭피해부터 목숨 건 귀환까지　38

제4장 • 하시마에서 돌아오지 못한 조선인들 –
　　　　조선인 화장火葬 기록의 공개　44
　1. 활자로 기록된 죽음　47
　2. 말로 전해진 기록 너머의 죽음　56
　3. 끝내는 이름을 잃어버린 죽음들　60

제5장 • 일본 근대 석탄 산업 유적 하시마의 현재와 미래　64

 괴기스러운 풍경의
외딴섬, 하시마[1](端島)

 일본 나가사키현(長崎県) 노모반도(野母半島) 서쪽, 나가사키항(長崎港)에서 약 18km 떨어진 바다에는 특이한 모양의 섬이 떠있다. 10m 높이의 콘크리트 제방이 섬을 둘러싸고, 제방 너머에는 고층 아파트 여러 채가 삐죽삐죽 솟았다. 그런데 사람은 아무도 살지 않으니 괴기스러운 분위기마저 풍긴다. 콘크리트 투성이 외딴 섬, 이 섬의 이름은 하시마(端島)이다. 하시마를 먼 곳에서 보면 마치 바다에 떠 있는 한 척의 군함을 닮았다고 하여 일본에서는 '군함도(軍艦島)'라는 이름으로도 부른다.

 하시마는 한국과 일본에서 꽤나 유명한 섬이다. 하시마의 모습이 담긴 사진을 인터넷에서 찾아보는 일은 어렵지 않다. 한국의 방송사

---

[1] 이 글은 필자가 작성한 국무총리 소속 대일항쟁기 강제동원피해조사 및 국외강제동원희생자 등 지원위원회 진상조사보고서 『사망 기록을 통해 본 하시마(端島)탄광 강제동원 조선인 사망자 피해실태 기초조사』(2012.12.27. 출간, 이하 진상조사보고서로 약칭)를 토대로 재구성하였다. 필자가 작성한 내용에 대해서는 따로 주를 달지 않았다.

에서도 하시마의 독특한 겉모습과 섬이 지닌 여러 사연들을 몇 차례 소개하기도 했다. 일본에서는 하시마의 풍경을 담은 화보집이나 섬의 역사를 소개하는 책이 여러 권 출판되었다.

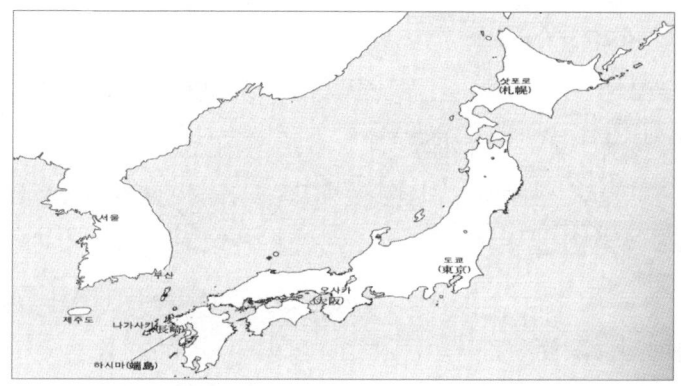
일본 나가사키현 하시마의 위치

바다 위에 떠 있는 콘크리트 섬 하시마의 모습. (진상조사 보고서, 14쪽)

하시마의 겉모습이나 섬의 내부를 촬영한 사진을 보면 어느 날 갑자기 사람들이 모두 증발해버리고 시간이 멈춘 도시 같다. 낡은 콘크리트 아파트는 곧 무너질 듯하다. 아파트 내부에는 사람들이 생활하던 흔적이 고스란히 남아있다. 텔레비전과 라디오는 놓인 자리에서 녹슬어 가고 먼지 쌓인 인형은 펼쳐진 책 옆에서 뒹굴고 있다. 한때는 이 섬이 사람들로 북적이며 일본 최대의 인구밀도를 기록한 섬이라는데…….

이러한 섬의 풍경은 사람들에게 호기심을 자아내거나 공포심까지 들게 한 모양이다. 일본의 인적이 끊긴 외딴섬들을 소개하는 어느 책[封印された日本の離島, 2011]은 하시마의 사진과 함께 '위험한 섬, 무서운 섬…… 섬에 얽힌 미스테리'라는 문구를 적어 사람들의 호기심을 불러일으킨다. 하시마를 소개한 국내의 한 오락프로그램은 하시마를 '죽음이 많고 원한이 서린 유령섬'으로 소개했다. 얼마 전에는 미국의 한 방송사 홈페이지에서 진행한 흥미 위주의 설문조사에서 하시마가 '세계 7대 소름 돋는 장소'에 꼽혔다는 기사도 났다.

하시마가 콘크리트 건물로 꽉 들어찬 괴상한 모양을 하게 된 까닭은? 한때는 일본 최고의 인구밀도를 기록했다는 섬이 어쩌다가 유령이 출몰할 법한 분위기의 무인도가 되었을까? 왜 섬에는 죽음이 많고 원한이 서렸을까?

이 모든 이유는 하시마의 '석탄'에 있다. 게다가 하시마에 서린 많은 죽음과 원한에는 조선인의 죽음과 원한도 함께 있다. 조선인의 죽음과 원한 중 가장 원통한 부분은 아시아태평양전쟁 [1931년 만주사변부터 태평양전쟁이 끝나는 1945년 8월까지 일본이 일으킨 전쟁]으로 인해 하시마에 끌려와 사망한 이들의 몫이다.

   하시마의 석탄 이야기, 하시마의 조선인들에 대한 이야기, 하시마의 죽음과 원한에 대한 이야기를 지금부터 좀 더 자세히 해보려 한다.

2장 하시마의 석탄이야기

하시마에서 석탄이 처음 발견된 때는 1810년경이라고 한다. 하시마는 본래 남북南北으로 약 320m, 동서東西로 약 120m에 불과한 작은 암초였는데 석탄을 캐내기 위해 개발이 시작되었다. 1897년부터 1931년까지 여섯 차례에 걸쳐 매립·확장공사를 진행하며 하시마의 면적도 점차 넓어졌다. 현재 하시마의 크기는 남북으로 약 480m, 동서로는 약 160m이다. 섬의 둘레는 약 1,200m, 총 면적은 6.3ha이다.

하시마에 개발된 탄광은 바다 밑에 쌓인 석탄을 캐내는 '해저탄광海底炭鑛'이다. 하시마 탄광은 일본 규슈(九州)의 세이히탄전(西彼炭田)에 위치하며, 더 좁은 범위로는 다카시마탄전(高島炭田)의 일부에 속한다. 다카시마탄전의 광구[鑛區 : 광업권자가 관청의 허가를 얻어 광물을 채굴할 수 있는 구역]는 대부분 해저에 있다. 하시마 인근에는 '다카시마(高島)'와 '후타고시마(二子島)', '나카노시마(中ノ島), 이오지마(伊王島), 고야기시마(香燒島) 등의 크고 작은 섬들이 있는데 모두 다카시마탄전의 석탄 생산지였다.

바다 아래 쌓인 석탄은 바다 위에 점점이 흩어져 있는 이들 섬을 발판 삼아 캐내야 했다. 일단, 섬에서 바다 아래 탄광이 쌓인 탄층까지 도달하는 갱도를 수직으로 뚫는다. 이를 수직갱(竪坑)이라고 한다. 하시마 탄광은 이 수직갱을 중심으로 탄이 쌓인 탄층을 따라 굴을 파나가며 석탄을 캐내는 방식이었다. 다카시마탄전의 주요 탄층은 남북에서 서쪽으로 경사진 형태였다. 탄전 단면도를 보면 하시마 탄광의 주요 채탄 구간은 기울어진 형태의 사갱[斜坑 : 경사진 갱도]임을 알 수 있다. 하시마 탄광의 가장 깊은 곳은 해저 1,000m에 이르렀다.

●● 하시마 탄광 채굴구역 해저탄전단면도

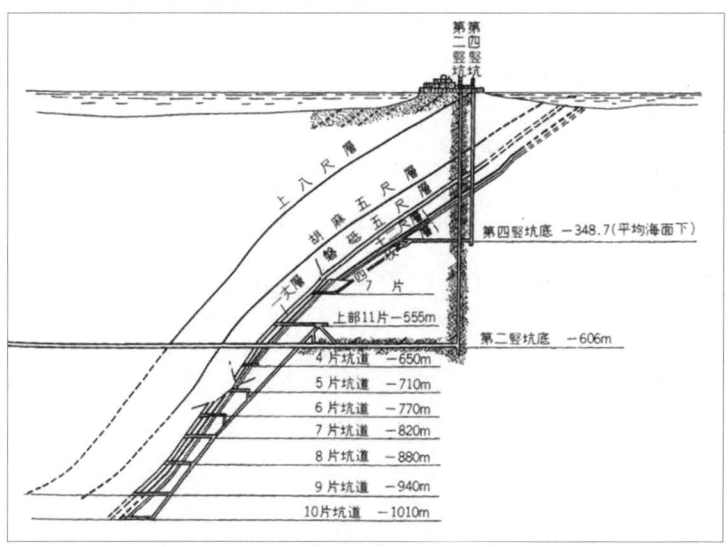

바다 밑 탄층에 이르는 수직갱을 개설하고, 그 수직갱을 중심으로 탄층으로 따라 사갱斜坑을 개발하였다. 三菱セメント(株), 『高島炭礦史』, 1898. 掘憲昭, 『長崎遊学マップ④ 軍艦島は生きている!』, 2010, 20쪽에서 재인용.

하시마를 포함한 다카시마탄전에서 생산되는 탄은 모두 점결성(粘結性)으로, 발열량이 높고 유황과 인의 함유량이 적은 최고급 석탄이다. 덩어리탄은 선박의 연료로 사용하고 가루탄은 코크스, 연탄, 시멘트용으로 사용하였다.

1. 미쓰비시의 보물창고에 일본 최초의 콘크리트 아파트가 들어선 이유

하시마에 처음 탄광을 개발하기 시작하여 탄광 문을 닫을 때까지 운영한 기업은 미쓰비시(三菱)재벌이다. 하시마의 탄광 개발은 미쓰비시의 다카시마탄전(高島炭田) 개발의 연장선에서 이루어졌다.

하시마에서 약 4.5km 떨어진 섬 다카시마에서는 1700년대 초반에 이미 석탄 채굴이 시작되었다. 1868년에는 사가번주(佐賀藩主) 나베시마 칸소(鍋島閑叟)가 영국인 글로버(Thomas Blake Glover)와 공동으로 다카시마에서 일본 최초의 서양식 채굴 사업을 시작했다. 다카시마에 개발한 탄광은 1874년에는 관영으로 바뀌었다가 곧 고토 쇼지로(後藤象二郎)에게 불하되었고, 1881년에 미쓰비시사(三菱社)가 소유하게 되었다. 이어 미쓰비시는 1890년 9월 11일에 다카시마 인근의 하시마를 사들이고 해저광구 약 25만 평을 취득하여 탄광 개발에 착수했다.[2] 미쓰비시가 관리하는 다카시마탄전의 광구 면적은 1937년 단계에 약 802만 평이었다.

---
2) 三菱鑛業セメント株式會社,「三菱鑛業社史」, 1976년, 36쪽.

미쓰비시재벌의 2대 총수인 이와사키 이야스케(岩崎弥之助)의 전기傳記에서는 미쓰비시가 하시마를 매수한 일에 대해 '이로써 다카시마, 나카노시마, 후타고시마와 하시마의 광대한 해저에 잠든 무한한 보물 창고는 미쓰비시의 손으로 열리게 되었다'고 적었다.[3]

●● 하시마 주변 채굴 범위도

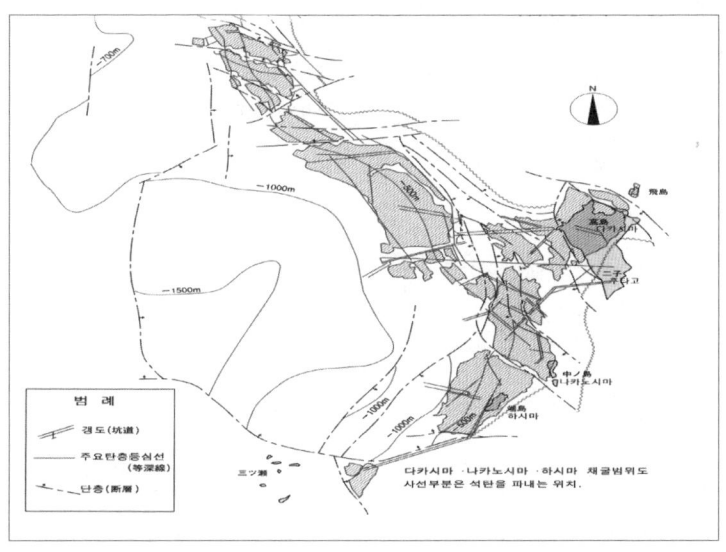

※ 三菱セメント(株), 『高島炭礦史』, 1898. 堀憲昭, 『長崎遊学マップ④ 軍艦島は生きている!』, 2010, 4쪽에서 재인용.

하시마에서 탄광 개발을 계속하던 미쓰비시사(三菱社)는 조직을 바꿔 1893년에 미쓰비시 합자회사를 설립하였다. 미쓰비시는 하

---
3) 前川雅夫, 『炭坑誌-長崎県石炭史年表』, 葦書房, 1990, 127쪽.

시마에 개발한 탄광을 미쓰비시 합자회사 다카시마탄갱(高島炭坑)의 지갱支坑으로 관리하였다.⁴⁾

1918년, 미쓰비시 합자회사의 광산부鑛山部와 탄광 사업 일체를 계승한 미쓰비시광업주식회사(三菱鑛業株式會社)가 설립되었다. ㈜미쓰비시광업은 1918년에 영업을 개시하고 하시마의 제2수직갱(199m)과 제3수직갱(480m)에서 석탄을 생산했다. 1919년에는 제4수직갱(354m) 개발에 착수하여 1939년 5월에 가동을 시작했다. 1920년대 후반부터 하시마에서는 연 20만톤대의 석탄이 산출되었다. 그 후 시설을 확충하고 발전을 거듭해 1941년에는 411,100톤을 생산하였다. 하시마에 탄광 산업이 시작된 이래 최고의 생산 실적이었다.

노동자 수도 채탄 사업의 확대와 함께 증가했다. 작은 섬인 하시마의 거주 인구는 메이지(明治) 시대에 이미 2,700~2,800명에 달했다. 최전성기인 1945년 하시마의 인구는 5,300명이었다. 하시마가 1955년 다카시마정(高島町)에 편입되었을 때, 다카시마정은 일본에서 인구밀도가 가장 높은 지역이 되었다. 작은 섬 안에 채탄 시설이 들어서고, 탄광 산업에 종사하는 종업원과 그의 가족들이 생활하려면 주거 시설은 고층 아파트로 지어 올려야 했다. 처음에 하시마에 세워진 노동자의 거주 시설은 3~4층짜리 목조건물이었다. 노동자 수가 늘어나면서 노동자의 거주 시설은 차차 철근콘크리트로 지은 중·고층주택으로 바뀌었고, 7층, 9층의 높은 건물이 증

---

4) 三菱鑛業セメント株式會社, 앞의 책, 71쪽.

축, 신축되었다.[5]

　1916년에 하시마에 지어진 4층 건물은 일본 최초의 철근콘크리트 아파트였다. '30号棟'이라는 이름이 붙여진 일본 최초의 아파트는 준공 당시에 4층이었으나, 후에 7층 건물이 되었다. 콘크리트 아파트가 하시마 안에 계속 들어차게 되자 섬은 콘크리트로 뒤덮여 가고 외형도 점점 바뀌었다.

　태평양전쟁으로 일본 국내의 물자 부족이 심각하여 중요 물자에 대한 통제가 진행될 때도 하시마에는 예외적으로 건물이 들어섰다. 전쟁을 수행하려면 최대한 많은 양의 석탄을 생산해 내야 했기 때문이다. 석탄 산업을 위한 시설과 종업원의 주거 및 편의 시설만이 차츰 하시마를 빼곡하게 채웠다. 오직 '채탄'만을 위한 일이었다.

2. 탄광개발 초기의 살벌한 풍경, '감옥섬'으로 악명 높았던 하시마

　모든 것의 중심이 '석탄'인 섬이어서 그랬을까? 탄광 개발 초기 하시마 탄광 노동자들의 생활상을 들여다보면 하시마는 공포스럽기 그지없는 섬이었다.

　하시마가 속한 다카시마탄전은 탄광 개발을 시작한 메이지(明治) 시대부터 이미 노동 환경이 열악하기로 유명한 곳이었다. 하시마를 비롯한 나가사키현 소재 탄광은 탄광 개발 초기에 '나야제도(納屋

---
[5] 長崎在日朝鮮人の人權を守る会, 『軍艦島に耳を澄ませば』, 社会評論社, 2011.7, 22~23, 25, 141 쪽

制度)'라는 노무관리제도를 운용했다. 나야제도는 탄광 주인에게 고용된 '나야가시라(納屋頭)'가 광부의 모집과 생활 관리, 채굴 등의 작업 청부, 임금의 일괄 관리를 맡는 형태이다. 나야가시라는 '오야가타(親方)'라고 불리며 탄광 안에서 일하는 노동자인 갱부坑夫를 거느린다. 오야가타는 노무공급청부업자의 성격을 지니는데, 회사에는 노무자를 제공하고 임금을 일괄적으로 받아 갱부에게 분배하는 역할을 한다. 그런데 이 나야가시라(오야가타)에 의한 노동자의 인신 구속과 임금 착취가 심각한 수준이었다.

나야가시라의 역할은 오늘 날의 인력파견업체와 비슷하다고 생각하면 쉽다. 그런데 탄광 주인의 위탁을 받은 나야가시라는 과장선전, 선불 지급 등의 범죄성이 강하거나 비윤리적인 방법으로 노동자를 모집했다. 노동임금을 떼어먹거나 임금의 일부를 선불로 주었을 경우에는 '이자' 등의 명목으로 월급의 상당 부분을 갈취하고 빚까지 지게 만들었다.[6]

1880년대 다카시마 탄광 광부들의 비참한 생활을 당시 작성된 기사를 통해 살펴보자. 1888년 6월 일본의 한 잡지에 기재된「다카시마탄광의 참상」이라는 르포 기사는 '다카시마의 광부 3천 명은 소와 말 같다'고 표현하며 다음과 같이 전했다.

> 광부들은 12시간 동안 노동하는데, 바로 설 수도 없는 좁은 갱내에서 구부려 걷거나 구부정하게 서서 걸으며 곡괭이 등을 이

---

6) 박노자, 〈파견근로제, 100년의 유령〉, 《한겨레 21》 제589호, 2005.12.

용해 석탄을 캔다. 대바구니에 가득 채운 석탄을 기어서 100~200m 거리를 지어 나른다. 작업 중에는 일분일초의 휴식도 주어지지 않고 쏟아지는 땀은 몸 전체를 씻는 듯 한다. 갱내의 공기는 얼마 되지 않아 호흡도 곤란했다. 광부들은 임금을 받아도 식비 등의 명목으로 나야가시라에게 착취당하고 빚이 늘어날 뿐이었다. 가족과 친족이 돈을 가지고 와서 부채를 상환하고 몸값을 치루지 않는 한 빠져나오는 길은 없었다. 7)

다카시마에서 나가려면 '탈출'하거나 일부러 다른 갱부와 다투고 살인사건이나 상해사건을 일으키는 방법뿐이었다. 다카시마는 일본인에게 '살아서 돌아오지 못하는 지옥섬'이라고 불렸다. 8) 탈출하다가 해안 감독인에게 잡히면 '도망 광부를 거꾸로 매달아 솔잎을 태워 그슬리는' 등 탈출에 대한 징벌도 가혹했다. 9)

다카시마 탄광에서는 가혹한 노동 환경에 반발하여 1870~1880년대에 걸쳐 여러 차례 큰 폭동도 일어났다. 나야제도의 문제점이 커지자 탄광회사들은 나야제도 대신 회사가 직접 노무관리를 맡는 체제로 점차 바꾸었다. 그러나 1930년대에도 일본 규슈(九州) 지역의 여러 탄광에서는 나야제도가 노무관리를 담당하고 있었고, 전시체제가 되면서 고착되는 모습을 보였다. 10)

다카시마와 더불어 개발이 시작된 하시마 역시 이러한 상황은 마

---

7) 絲屋壽雄·稻岡道 著, 윤대원 譯, 『日本民衆運動史』, 학민사, 1984년, 208~209쪽에서 재인용. 르포기사의 원문은 前川雅夫, 앞의 책, 98~100쪽 참조.
8) 林えいだい, 『筑豊·軍艦島』, 弦書房, 2010, 150쪽.
9) 絲屋壽雄·稻岡道 著, 앞의 책, 209쪽.
10) 일제강점하 강제동원 피해진상규명위원회, 『사할린 '이중징용' 피해 진상조사』, 2007년 8월, 64~65쪽.

찬가지였다. 두꺼운 콘크리트 제방을 두른 하시마는 바다에 떠 있는 감옥으로도 비쳤던 모양이다. 다카시마가 '지옥섬'이었다면 하시마는 '감옥섬'이라고 불렸고, 하시마로 들어오는 출입문은 갱부들에게 '지옥문'이라고 불렸다.[11]

인신구속과 착취, 격한 탄광 노동에 지친 하시마의 갱부들은 익사 위험을 무릅쓰고 바다에 뛰어들어 도망을 시도하기도 하였다. 그러나 헤엄쳐서 탈출을 시도하다가 적발되면 가혹한 폭행을 당했다.

더욱이 탄광은 위험한 사고도 많이 일어나는 곳이다. 재해로 인한 부상자와 사망자도 속출했다. 1887년 8월에는 하시마 탄광에서 바닷물이 갱내에 침입하는 출수出水 사고가 일어나 32명이 사망했다. 1935년 3월의 가스 폭발 사고는 25명의 목숨을 앗아갔다. 이외에 천장이나 벽의 암석이 떨어지는 낙반, 감전, 추락, 탄차 사고 등이 탄광 안에서 일어나면 한두 명씩은 꼭 목숨을 잃었다.[12]

한 번 발을 들이면 마음대로 나가기 어려운 곳, 목숨을 걸고 바다에 뛰어들고 싶을 만큼 하루하루 삶이 힘든 곳, 한 번 사고가 나면 많은 이들을 목숨을 잃는 곳, 탄광 개발 초기의 하시마는 말 그대로 '지옥섬'이었다.

1916년에 오사카아사히신문(大阪朝日新聞)이 '하시마는 군함과

---

11) 林えいだい, 『死者への手紙』, 明石書店, 1992, 191쪽.
12) 前川雅夫, 앞의 책, 93쪽(1887년 사고), 334~335쪽(1935년 사고), 그 외 이 책에 언급된 1887~1945년 하시마 탄광 관련 사고 기록 참조.

닮았다'는 기사를, 1921년에는 나가사키일일신문(長崎日日新聞)이 '미쓰비시중공업 나가사키조선소에서 건조 중인 군함 도사(土佐)를 닮았다'는 내용의 기사를 내보냈다. 이 시기부터 하시마는 '군함도'라는 별칭을 얻게 되었다. '군함도'라는 별칭은 미쓰비시에게 '감옥섬'으로 악명 높았던 하시마의 어두운 이미지를 쇄신할 기회였다. 일본의 르포 작가 하야시 에이다이는 하시마를 '군함'의 모습에 비유한 당시의 상황을 '군국일본軍國日本의 허상이 보인다'고 꼬집기도 했다.[13]

3. 사람의 온기가 사라진 차가운 콘크리트 섬

섬 전체가 탄광인 하시마에서 생활하는 사람의 입장에서 하시마는 어떤 섬이었을까? 1944년에 하시마를 취재한 한 기자는 자신의 눈에 비친 하시마의 풍경을 이렇게 적었다.

> 이 섬의 면적은 1만 9천 평밖에 안 된다. 그 절반의 면적에는 석탄을 해저에서 캐내는 지상설비가 있다, 나머지 1만 평에 달하는 토지에는 몇 천 명의 탄광 사람들이 거주한다. 이곳에는 9층 건물, 7층 건물, 5층 건물이라 불리는 상상해본 적 없는 근대적인 건축이 겹겹이 암반 위에 서 있다. 그 건물 안은 수백 개의 방으로 구분되어서 처를 거느린 자의 단란한 가정도 있고, 독신자의 합숙소도 있다. 학교도 있고 우편국, 파출소, 병원, 영화관도 있다.

---
13) 林えいだい, 앞의 책(2010), 319~320쪽.

절도 있고 신사도 있다. 게다가 놀랍게도 환락가도 있다.(중략) 섬에는 몇 개의 화분을 제외하고는 나무 한 그루 풀 한 포기 없고, 음료수까지 매일 나가사키에서 운반해 온다. 눈에 띄는 동물이라고는 겨우 개와 고양이 정도인데, 혹시나 하고 돼지 한 마리를 사와서 초등 2년생에게 보여주었더니, 산양이니 송아지니 갑론을박하며 돼지라고 말하는 아이가 없었다.[14]

 1944년의 하시마에는 풀 한 포기 보이지 않았으며 물도 외부에서 공급해 와야 했다. 탄광이 전부인 외딴섬에서 생활하던 초등학생은 돼지를 알아보지 못했다. 조금 과장된 기사일지도 모르지만 외부와 고립된 회색빛 콘크리트 섬이라는 하시마의 모습을 잘 그려냈다고 생각한다.
 1957년에 해저 수로를 통해 물을 공급받기 전까지는 주민들이 생활하는 데 필요한 물도 외부에서 운반해 와야 했다. '급수선給水船'이라 불리는 배가 하루에 몇 차례 육지와 하시마를 왕복하며 물을 실어 날랐다. 이 물은 하시마 안의 저수 시설로 보내졌고, 다시 각 가정으로 공급되었다. 악천후로 배가 움직이지 못해 저장해 놓은 물의 양이 급격히 줄어들면 꼭 필요한 곳에만 사용하도록 물 공급이 제한되었다. 날씨가 좋지 않으면 급수선은 물론 섬과 외부를 연결하는 배도 띄우기 어려워서 섬은 고립되기 쉬웠다. 태풍이라도 찾아오면 어떤가. 파도는 엄청난 기세로 하시마를 덮쳤다. 하시마 해안가의 목조 건물과 제방이 파괴되고 접안 시설이 떠내려

---
14) 前川雅夫, 앞의 책, 403~404쪽.

가는 등 큰 피해를 입었다.[15]

하시마는 탄광시설과 주택 외에도 학교, 상점, 병원, 사찰, 영화관 등을 갖추고 완전한 도시의 기능을 하였으나 화장장과 묘지는 없었다. 섬의 면적이 워낙 좁은 탓도 있었지만 화장을 할 때 나는 연기가 섬에 자욱해졌기 때문이다. 그래서 하시마의 주민들은 인근의 무인도인 나카노시마(하시마 북동쪽 400m)에 화장장과 묘지를 두었다. 인근의 무인도에 화장장을 따로 둘 만큼 하시마 탄광에서 사고사가 많이 발생했다는 이야기이기도 하다.[16]

아무리 최첨단 건축물이 들어서고 교육·편의·오락시설 등을 갖추었다 하더라도 하시마처럼 탄광이 전부인 외딴섬은 사람이 살기에는 결코 좋지 않은 곳이었다.

석탄이 발견되어 '보물창고'로 불리던 하시마는 1941년을 정점으로 출탄량이 차츰 저하되었다. 태평양전쟁 말기에는 공습에 의해 발전發電시설이 큰 타격을 입어 채탄을 중단하게 되었다. 전쟁이 끝난 후 설비를 복구하여 석탄 생산을 계속하였으나, 1955년 이후 전성기는 다시 오지 않았다. 연료를 석탄에서 석유로 바꾸는 이른바 '에너지 혁명'으로 석탄업계가 불황에 빠진 탓이었다. 석탄 산업 불황의 여파로 하시마 탄광은 결국 1974년 1월 15일에 문을 닫았다.

하시마에서 석탄 산업에 종사하던 종업원과 그들의 가족은 인근의 다카시마 탄광으로 옮겨가거나 일본 전역으로 흩어졌다.

---
15) 掘憲昭, 앞의 책, 24, 25, 46쪽.
16) 林えいだい, 앞의 책(2010), 156쪽.

한 때 일본 최고의 인구밀도를 기록했던 하시마는 탄광이 문을 닫자 순식간에 무인도가 되었다. 석탄으로 인해 섬으로 모인 사람들은 석탄 때문에 섬을 나가게 되었다. 사람의 온기가 빠진 콘크리트 건물들은 폐허가 되어 갔다. 섬 내부는 건물 붕괴가 진행되고 위험한 장소가 늘어났다. 석탄이 더 이상 생산되지 않는 하시마는 유령이 나올 듯한 섬으로 변해갔다.

'감옥섬'으로 악명 높았던 하시마의 탄광에는 한반도에서 건너간 광부들도 있었다. 요즘 우리 주변에서 쉬이 마주치는 외국인 노동자였던 셈이다. 이들이 하시마에 언제부터, 어떤 방식으로 존재하게 되었을까?

하시마가 속한 다카시마 탄전을 개발한 미쓰비시는 탄광 노동자 부족을 해결하기 위해 일본 각지에서 노동자 모집을 진행했다. 1917년 9월에는 일본 당국에 조선인 모집을 허가받았다. 1929년에 후쿠오카(福岡)지방 직업소개사무국은 하시마 탄광의 노동자 모집 상황에 대해 이렇게 기록했다.

> 주위에 인적이 없는 외딴섬, 탄광이 전부인 섬의 살풍경 때문에 갱부坑夫의 고용 및 이동방지에 특별히 고심을 요하는 상황임. (노동자 모집은) 모집인(에 의한) 위탁 모집이라는 한 가지 방법뿐이어서 갱부 모집은 한 달에 백 명을 채우지 못한다.(중략) 조선에 조선인 모집인이 수 명 존재하고 있다.[17]

---
17) 前川雅夫, 앞의 책, 282쪽.

열악한 노동환경 탓인지 탄광 측도 '외부와 격리된 감옥 같은 외딴섬 탄광'에서 일하려는 사람들을 구하기는 쉽지 않았던 모양이다. 탄광측은 부족한 노동자 수를 채우기 위해 당시 일본의 식민지였던 조선에서도 노동자 모집 활동을 했다.

3장 하시마 탄광의 조선인 노동자

1. 하시마에는 얼마나 많은 조선인들이 있었을까?

하시마의 자세한 인구 구성이나 조선인 인구에 대한 자료는 현재 찾아보기 어렵다. ㈜미쓰비시광업은 다카시마탄전 각 섬에 개발한 탄광들을 '다카시마탄갱(高島炭坑)' 또는 '다카시마광업소(高島鑛業所)'라는 이름으로 묶어서 관리하였다. 따라서 노동자 수에 대한 통계 자료는 '다카시마(高島)'라는 이름 아래 각 섬들에 흩어진 개별 탄광이 모두 포함된 경우가 많다. 따라서 '하시마'의 상황만 따로 떼어 낸 통계 자료는 찾기 어려운 실정이다. 단편적으로 남아있는 자료나 증언을 통해 하시마의 조선인 수에 대해 어렴풋이 윤곽을 잡아볼 뿐이다.

'다카시마탄갱'의 조선인 노동자가 자료에서 처음 확인되는 시기는 1917년이다. 1917년에 조선인 모집을 개시하여 1917년 10월경 150명의 조선인이 '다카시마탄갱'에 와서 일을 하게 되었다는 기록이 있다. 1910년대에 하시마와 하시마 인근의 섬 '다카시마', '후타고시마' 세 섬을 아울러 '다카시마탄갱'이라고 기록한 경우가 있으므로 '다카시마탄갱'에 들어왔다는 조선인 150명 중 일부는 하시마에서 일했을 가능성도 있다.[18]

1917년에 조선인 노동자의 이입이 처음 시작되고 1년이 채 되지 않아 조선인 노동자의 수는 두 배 이상 늘어났다. 1918년 5월 말 '다카시마탄갱'의 노동자 수는 3,336명이었는데, 이들 중 조선인 노동자의 수는 334명이었다.[19] 1918년의 이 기록은 드물게 다카시마탄갱 각 섬의 노동자 수를 따로 집계해 둔 경우이다. 자세한 내역을 보면 다음과 같다.

전체 노동자 3,336명 중 갱 안에서 일하는 갱내부坑內夫는 2,859명이었다. 다카시마에는 1,444명(조선인 갱내부 84명), 후타고시마에는 774명(조선인 갱내부 12명), 하시마에는 941명(조선인 갱내부 70명)의 갱내부가 존재했다. 세 섬을 모두 합쳐 갱 밖에서 일하는 갱외부(坑外夫)는 477명이고, 그중 조선인 갱외부는 168명이 있었다. 일본인과 비교했을 때, 조선인의 갱내부 비율은 6%, 갱외부 비율은 35%이다. 갱 안에서 일하는 조선인 노동자 수가 적은 이유는 미숙련 노동자인 조선인의 출탄성적이 낮은 까닭이었다.[20]

1935년 3월 26일, 하시마 탄광의 갱내 가스 폭발로 20명 이상의 갱부가 사망한 큰 사고가 일어났다. 출신지가 공개된 사망자 17명 중 조선인 갱부는 절반 이상인 9명이다. 1930년대에는 갱내에

---
18) 前川雅夫, 앞의 책, 282쪽.
19) 前川雅夫, 앞의 책, 230~231쪽.
20) 前川雅夫, 앞의 책, 229쪽.

서 일하던 조선인의 수가 이전보다 늘어났음을 짐작케 하는 기록이다. 1935년 6월에는 친목과 일본어 학습을 목적으로 하시마의 조선인 갱부 350명이 친목회를 만들었다는 기록도 있다.[21] 1935년이 되면 적어도 350명 이상의 조선인이 하시마에서 탄광 산업에 종사했다는 셈이다.

조선인 노동자가 하시마에 처음 발을 들인 1910년대 후반에는 약 100명 정도의 조선인이 일하고 있었다. 1930년대에는 그 수가 약 3배 이상 늘어났고, 숙련 노동자도 늘어났는지 갱 안에서 일하는 이들의 비율도 높아졌다. 이는 탄광 측이 조선에 노동자 모집인을 두고 탄광노무자 모집을 계속 진행한 결과라고 보인다. 이러한 기업 차원의 노동자 모집 방식은 1937년에 일어난 중일전쟁을 계기로 큰 변화를 맞이했다.

2. 일본이 일으킨 전쟁 때문에 강제로 끌려온 조선인들

전쟁이 시작되고 많은 청년들이 병력으로 동원되자 일본 국내의 노동력은 급격히 줄었다.

일본 당국은 일본인은 물론이고 식민지 민중을 대상으로 부족한 노동력과 물자를 조달했다. 일본은 중일전쟁을 일으킨 다음 해인 1938년 4월에 '국가총동원법'을 공포하며 인력과 물자를 모두 동원할 수 있는 법적 근거를 마련하였다. '국가총동원법'은 이

---

21) 前川雅夫, 앞의 책, 335쪽 및 337쪽.

름그대로 '물자와 인력, 모든 것을 동원할 수 있는 법'이다. 일본은 1945년에 패전을 맞을 때까지 '노동력 부족' 해소책의 일환으로 국가 권력을 통해 식민지 조선의 민중을 조직적으로 동원했다.

하시마 탄광에도 많은 조선인들이 동원되어 왔다. 강제로 동원된 조선인들은 하시마 탄광에서 일본의 전쟁 수행을 위한 석탄을 생산해야 했다.

하시마탄갱(端島炭坑)노동조합에서 기록한 하시마탄광의 '광원鑛員'의 수는 1940년 1,622명, 1941년 1,818명, 1942년 1,950명, 1943년 2,122명, 1944년 2,151명, 1945년 1,436명이다.[22]

이 기록에 따르면 하시마 탄광의 노동자 수는 1940년 이후 꾸준히 증가하였고 1944년에 최대 인원을 기록하였다.

미쓰비시 다카시마탄갱(하시마 포함)은 1937년에 550명, 1941년에는 785명의 조선인 노무자 모집을 일본 당국에 신청하였다는 기록이 있다. 석탄통제회의 자료에 나타난 다카시마탄갱의 조선인노동자 비율은 1941년 9월 14.3%, 1944년 4월에는 29.7%, 1944년 10월에는 32.2%로 나타난다.[23] 1944년 11월에 집계한 다카시마탄갱의 탄광노무자는 5,974명인데, 그 중 일본인은 3,715명 조선인은 2,259명(갱내부 1,938명, 갱외부 321명)이다.[24]

이 기록들을 종합하면 다음과 같은 이야기가 된다. 1937년 이후

---
22) 長崎在日朝鮮人の人權を守る会, 『原爆と朝鮮人 第4集 – 端島の呻き声』, 1986년, 66쪽에서 재인용.
23) 竹内康人, 앞의 논문, 33~37쪽에서 재인용.
24) 前川雅夫, 앞의 책, 408쪽.

미쓰비시 다카시마탄갱의 조선인 노동자 수는 점점 늘어나 1944년이 되면 전체 노동자의 38%를 점한다. 또한 조선인 노동자의 대부분은 갱내에서 일했다. 하시마탄광은 다카시마탄갱의 지갱支坑이므로 1937년 이후 조선인 노무자 증가 추세와 전체 점유율 및 갱내부 비율은 이 통계와 크게 다르지 않았을 것이다.

하시마 내의 조선인 노동자 수는 전쟁 말기인 1944년에서 1945년 사이에 최대를 기록했다고 보인다. 1944년에 집계한 하시마의 광원수는 2,151명이었다. 하시마가 속한 다카시마탄갱의 조선인 비율이 1944년에 38%를 차지했다고 하므로, 하시마의 광원 2,151명 중 조선인이 약 38%였다고 가정해 보자. 그러면 하시마 내 조선인 노동자 수는 1944년 단계에 최대 800명까지 존재했다는 추산이 가능하다.

하시마에 강제동원되었던 생존자들은 태평양전쟁 말기 하시마의 조선인 노동자 수를 500명~800명으로 기억한다.

나가사키현의 시민단체인 '나가사키 재일 조선인의 인권을 지키는 회(長崎在日朝鮮人の人權を守る会, 이하 인권을 지키는 회)'는 자체 조사 결과 일본의 패전 전후 하시마에 강제동원된 조선인이 약 500명 정도 존재했다고 밝혔다. '인권을 지키는 회'가 만난 한 생존자는 '하시마에는 5~600명 정도의 조선인이 있었고, 한 층에 5개의 방이 있는 2층 건물 4동에 수용되었다'고 회상하였다.[25]

1942년, 17세 되던 해에 전남 광주에서 하시마로 동원되었던

---

25) 長崎在日朝鮮人の人權を守る会, 앞의 책(1986), 46쪽.

박씨 할아버지는 '자신이 하시마에 들어온 이듬해인 1943년에 함평 사람 150여 명이 들어와서 하시마의 조선인 노무자 수가 500여 명에 이르렀다'는 좀 더 자세한 이야기를 해주었다. 1943년에 충주에서 하시마 탄광으로 강제동원된 이씨 성의 할아버지는 '하시마에 한국인이 800명 정도 있었다.'고 기억하였다.[26]

지금까지 제시한 조선인 노동자의 수치는 특정한 어떤 시점에 대한 숫자이며, 노동자가 섬으로 들어오거나 섬에서 빠져나가는 상황 등 노동자의 이동은 고려하지 않은 숫자이다. 즉, 전시체제기에 하시마 탄광으로 강제동원되었던 조선인 노동자의 전체 인원수는 전쟁 말기 단계의 500~800명을 훌쩍 넘으리라 짐작한다.

3. 조선인 노동자의 감옥섬 생활기

하시마 탄광에 끌려와서 일하게 된 조선인 노동자들이 겪은 탄광 생활은 어땠는지 강제동원 피해 생존자들의 입을 통해 구체적으로 들어보자.

1945년 1월, 전남 순천에서 하시마로 동원되었던 박씨 할아버지는 자신이 겪은 탄광 노동에 대해 이렇게 말했다.

> 삼천팔백 자를 내려가요. 맛스구(真っ直ぐ:똑바로) 삼천팔백 자를 들어가. 그러면 여 방 보담 몇 개나 되는(방보다 몇 배나 큰) 게기(기계)가 있어요. 하나는 숯(석탄)을 올리고. 하나는 사람을 백 명이고 이

---
26) 진상조사보고서, 20~21쪽.

백 명이고 딱 실으면, 타믄 굴 속으로 들어가요. 삼천팔백 자를. 들어가서 차가 숯을 막 끄집어 올려요. (중략) 아, 삼천팔백 자를 들어갔으니 갱물이 사방에서 안 떨어지요. 떨어져 막. 사방에서 떨어져. 사방에서. 그런 데를 가가 고생을 하는디.[27]

하시마 탄광의 제2수직갱은 600m 아래에 중앙갱도가 있었다. 할아버지가 '똑바로 삼천팔백 자를 내려간다'라고 말한 대목은 채탄현장까지 수직갱도를 통해 내려가는 모습을 표현한 것이다. 하시마 탄광의 중앙 수평갱도에는 전차가 다녔지만 수평갱도를 중심으로 갱도가 아래위로 나누어져 채탄현장이 있었다. 하시마 탄광의 가장 깊은 채굴현장은 갱구에서 거리가 1km 이상 되기도 했다.(11쪽의 하시마탄광 해저 탄전 단면도를 보면 할아버지의 말을 이해하기 더욱 쉽다) 깊이 내려갈수록 탄층의 경사가 급해져서 이용하기 어려웠기 때문에 어쩔 수 없이 인력에 의존해야 했고, 갱내 사고에 의한 희생자가 많아졌다.

해저 탄광인 하시마 탄광은 육지의 탄광에 비해 채굴조건이 나빴다. 해저에서 채탄을 하면 박 할아버지의 표현대로 갱내수坑內水가 사방에서 비처럼 떨어졌다. 바닷물이 침투한 갱내수는 염분이 강하고 매우 차가웠다. 염분이 강한 갱내수를 맞은 갱부들의 피부는 짓무르고 염증이 생기기도 했다. 1943년 5월 경남 의령에서 동원되었던 최씨 할아버지는 '탄광에 들어가면 바닷물이 새어 나왔는데 바닷물에 살이 헐고 짓물렀다'고 회상하였다.[28]

---
27) 진상조사보고서, 23~24쪽.
28) 진상조사보고서, 24쪽.

하시마 탄광 주요 가동구역의 탄층 경사는 해수면 아래 600m 부근까지는 40°~45°정도였다. 아래로 내려갈수록 경사가 더욱 급해져서 해수면 700m 아래는 탄층의 경사가 60°를 넘었다. 하시마 탄광은 채굴조건이 나쁜 만큼 석탄의 미분화율微粉化率도 높아서 자연발화성이 크고 가스 분출량도 많았다. 다량의 가스가 갱내에서 일시에 분출하면 사고로 이어질 확률이 높았다. 가스나 가스에 수반하여 방출되는 석탄가루에 매몰당해 질식하거나 돌풍에 의한 기계적 충격으로 사상자가 나오는 사고가 발생하기도 했다. 가스가 바람이 부는 쪽으로 흐르거나 바람이 불어오는 쪽으로 역류해서 폭발을 일으키기도 했다. 이처럼 깊고 경사가 급한 채탄현장은 생산량이 떨어지고 사고의 위험이 높기 때문에 일본인 갱부들은 잘 들어가려 하지 않았다. 결국 위험한 장소에는 조선인과 중국인이 투입되었다.[29]

좁은 작업 공간과 갱내의 높은 온도도 견디기 힘들었다. 1943년 5월에 경남 의령에서 하시마로 동원되었던 김씨 할아버지는 '굴 안은 서지 못할 정도로 좁고 온도가 45도를 넘었다. 고무줄로 서로의 몸을 묶고 일을 하였다'고 한다.[30]

하시마 탄광은 사고 발생률이 높은 탄광인 만큼, 이곳으로 동원된 조선인들에게는 사고 경험도 기억에 깊이 남았다. 특히 '굴이 무너졌다', '돌이 떨어졌다' 등으로 표현하는 낙반落磐사고 경험을 말하는 경우가 많았다. 1943년 5월 경남 의령에서 동원되었던 김씨

---
29) 林えいだい, 앞의 책(2010), 151, 318쪽.
30) 진상조사보고서, 25쪽.

할아버지는 '노역 중 돌이 떨어져서 머리가 찢어졌다. 떨어지는 돌 때문에 모자 속에 고무줄을 넣어서 썼다. 가끔 위에서 굴러 떨어진 돌에 맞아 죽는 사람도 있었다.'고 이야기 했다. 1944년에 경남 진주에서 동원되었던 김씨 할아버지는 '매일 사망자가 속출하여 일하러 가면서 항상 불안에 떨었다'고 기억하였고, 1945년 3월에 전부 익산에서 동원되었던 장씨 할아버지는 '탄광이 무너지는 사고가 많이 나서 잊을 만하면 한명씩 죽었다'고 기억하였다. 재해에 대비하기 위해 철저한 훈련이 필요했지만 동원된 조선인 노무자들에 대한 작업 훈련은 충분하지 않았다. 1942년 5월에 충북 괴산에서 동원된 장씨 할아버지는 '탄광에 도착해서 하루 쉬고 탄광 견학을 시킨 다음 바로 갱 안으로 들어가 채탄 작업에 시달렸다'고 한다.[31]

전쟁이 시작되고 석탄 증산 요구가 강해지자 하시마 탄광 갱부들의 노동시간도 길어졌다. 3교대 근무는 2교대 근무로 바뀌어서 하루에 12시간 동안 일해야 했다.[32] 하시마 탄광의 생존자들은 대부분 노동시간이 하루에 12시간이었으며 정해진 휴식시간도 따로 없었다고 기억하였다.

강제동원된 조선인들의 생활환경 또한 좋지 않았다. 하시마에 주거 용도도 지어진 고층 건물의 상층 부분이나 섬의 중앙 고지 부분은 조망과 일조량이 양호했다. 그러나 아래층 부분은 거의 햇빛이 없고 습기도 심했다. 건물의 높은 부분은 직원, 낮은 부분은 광

---
31) 진상조사보고서, 25쪽.
32) 林えいだい, 앞의 책(2010), 167쪽.

원, 최하층은 하청 노동자나 조선인·중국인 노동자들이 거주하였다. 강제동원된 조선인을 수용한 이층 건물은 하시마의 북단에 있었다.[33]

조선인 함바의 창 바깥쪽에는 파도를 막기 위해 널빤지를 붙여놓았다. 습기와 땀으로 방 안은 악취가 진동했고 바닥에 깐 다다미는 더러워져 검은색이 되었다.[34] '인권을 지키는 회'가 만난 서씨 할아버지는 1943년 봄에 경남 의령에서 강제동원되었다. 그는 조선인들의 숙소에 대해 이렇게 회상했다.

> 나는 하시마 북쪽에 있는 조선인숙소(2층 건물)에 수용되었다. 그곳에는 250명의 조선인이 있었는데 우리 일행이 들어오자 500명이 되었다. 2층에 있는 약 10㎡ 크기의 방에 8명을 집어넣었다. 바다의 물보라가 강한 기세로 창밖의 널빤지를 때렸다.[35]

---

[33] 長崎在日朝鮮人の人權を守る会, 앞의 책(2011), 25쪽.
[34] 長崎在日朝鮮人の人權を守る会, 앞의 책(2011), 25쪽. 林えいだい, 앞의 책(2010), 317~318쪽.
[35] 林えいだい, 앞의 책(2010), 190~192쪽.

●● 하시마 평면도

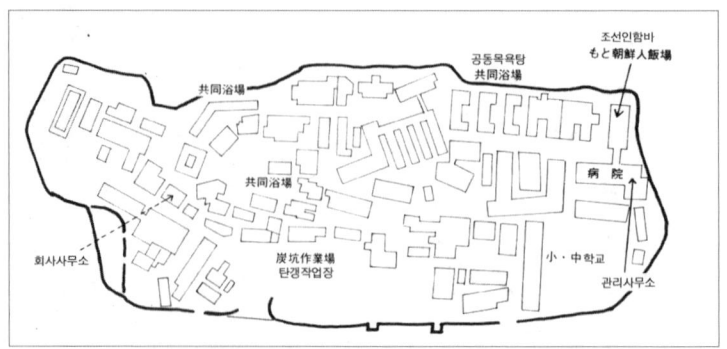

※ 長崎在日朝鮮人の人權を守る会,『原爆と朝鮮人 第2集』, 1983, 67쪽.

조선인들의 숙소에 대해 좀 더 자세한 이야기를 들어보자. 광주 출신의 이씨 할아버지와 순천 출신의 박씨 할아버지는 조선인들이 생활하던 공간에 대해 이렇게 이야기해 주었다.

요렇게 촘촘히, 빼곡하니 아파트들이 쫙 있어요. (중략) 그러면, 징용 간 사람이 어서 잠을 잤냐. 밑에 그 함바에서 자요. 여그는 일본 놈들이, 전부 감독들이 사는 디요. 높은데, 아파트가. (조선 사람들은) 밑에. 밑에다 집을 지었지. 여그(높은 곳)는 간부들이 살아요.[36]

서울 맹이로, 구층, 팔층, 딱 들어 차버렸어. (중략) 돌아 댕기는 데 (제방)가. 세멘으로 쌓아올렸어. 요리 사람이 댕기면 저~기 걸어댕기는 사람들이 개미 기어가는 거마냥 보여. 그만큼 높이 해 놨다 그 말

---
36) 진상조사보고서, 27쪽.

들 역시 섬 밖으로 외출을 하기는 불가능했다. 광주 출신의 이씨 할아버지는 섬 밖으로 나갈 수 없는 하시마의 생활이 '형무소' 생활과 같다고 느꼈으며 섬을 나오기 위해 자해自害를 생각하기도 했다.

> 통통배가 큰 섬(다카시마-인용자 주)에서 가져와요 물을. (중략) 큰 섬에서 물을 갖다가. 이제 갖다 묵제.(급수선(給水船)이 다카시마와 하시마 사이를 운행하며 물을 나르는 것을 설명함 - 인용자 주) 우리는 형무소나 징역산 놈이나 똑같애. 나올 수가 없어. 큰 섬으로 갈 수가 없어요. 여기(하시마) 안에서는 왔다갔다. 꼭 형무소 징역허고 똑같어. (중략) 어떻게(다리를) 자르냐? 한국 나올라고. 형무소랑 같당께. 나도 다리를 짤를라고 했당께. 석탄 구루마가 오먼 집어 넣어뿌고 똑딱 짤라지게.[38]

하시마 탄광에서 열악한 환경을 견디지 못한 일본인 노동자들이 바다에 뛰어들어 탈출을 시도했던 것과 마찬가지로, 강제동원된 조선인들도 고된 노동과 열악한 환경을 피해 도망을 시도하는 경우가 많았다. 다음은 하시마 탄광에 동원되었던 할아버지들이 도망에 대해 이야기한 대목이다.

> 하루에 노르마(할당)는 토로코(손으로 미는 조그만 궤도軌道. 화차貨車 또는 광차鑛車) 10대 이상이었다. 배는 고프고 지쳐서 몇 번이나 도망갈 생각을 했지만 바다 한가운데 있는 섬이기 때문에 도망은 무리다. 그래도 개중에는 바다로 뛰어들어서 도망치는 사람도 있었다.[39]

---
38) 진상조사보고서, 29쪽.
39) 百萬人の身世打鈴編輯委員會, 『百萬人の身世打鈴』, 東方出版(株), 1999, 399쪽.

이여. 섬을. 그러면 천장 만장 올라가서 딱 때려갖고 요리 올라와. 파도가. 우리 잔디가(자는 곳을) 아무리 야물게 해놔도 물이 휘어져 들어오지. 물이(파도가) 쎄 갔고. 그런 험한 데서. 그래 그런데서 살다가 왔어. (중략) 물이 새 들어와서 옷이 그냥 차 뿌리고. 그런 꼴을 봤어.[37]

할아버지들의 이야기에 의하면 높은 아파트에는 간부들이 살고 조선인이 사는 건물은 따로 바닷가 쪽에 따로 있었다. '인권을 지키는 회'가 작성한 하시마 평면도를 보면 조선인들의 숙소는 제방 바로 아래 위치하고 있었다. 제방을 넘어온 파도가 조선인들이 사는 숙소의 방 안으로 들어와 옷이 젖기도 했다.

●● 하시마를 덮치는 큰 파도(1956년 태풍 상륙시)

※ 掘憲昭, 『長崎遊会マップ④ 軍艦島は生きている!』, 2010, 25쪽.

하시마 탄광은 탄광 개발 초기부터 노동자에 대한 인신구속과 착취가 심했던 곳이었다. 하시마 탄광으로 동원된 조선인 노동자

---

37) 진상조사보고서, 27쪽.

나는 매일 설사를 해서 몸이 매우 약해졌다. 그래도 일을 쉬려고 하면 관리사무소에 끌려와서 린치를 당했다. 아무리 힘들어도 '네, 일하겠습니다' 라고 말할 때까지 구타했다. 나는 제방 위에서 멀리 조선 쪽을 보고 몇 번이나 바다에 뛰어들어 죽으려는 생각을 했다. 동료 중에는 자살을 하거나 다카하마로 헤엄을 쳐서 도망하다가 익사한 사람도 있다.[40]

전쟁 기간 중 하시마에서는 도망자를 감시하기 위해 재향군인회의 회원이 총을 들고 경비를 섰다고 한다.[41] 도망을 시도한 노무자에게는 가혹행위가 뒤따랐다. 1942년 5월에 충북 괴산에서 동원된 박씨 할아버지는 '도망가는 사람이 간혹 있었지만 감시도 심하고 섬이어서 거의 붙잡혀왔으며 고문을 심하게 당하였다'고 증언하였다.[42]

전쟁 말기로 갈수록 식량 배급도 적어졌다. 강제동원된 조선인들의 합숙소였던 '요시다(吉田)함바'의 경우에는 배급되는 식량의 절반을 간부가 가로채기도 했다. 갱내의 격한 노동으로 체력이 소모된 조선인들에게 주어지는 식사량은 매우 적었고, 밥의 20%는 현미, 80%는 콩깻묵이었다.[43]

생존자들은 대부분 '소량의 식사를 주어서 항상 배가 고팠다'는 경험을 이야기하였고, 개인적으로 따로 식량을 구해 먹었다는 이들도

---
40) 長崎在日朝鮮人の人權を守る会, 앞의 책(2011), 28~29쪽.
41) 林えいだい, 앞의 책(2011), 158쪽.
42) 진상조사보고서, 29쪽.
43) 長崎在日朝鮮人の人權を守る会, 앞의 책(1986), 71쪽. 林えいだい, 앞의 책(2010), 169쪽.

있었다. 1942년 9월, 충북 청원에서 동원되었던 윤씨 할아버지는 '하루에 자신에게 배당된 일을 다해야 했고 할당량을 채우지 못하면 구타를 당하고 밥을 주지 않는' 경우도 있었다고 말하였다.[44]

강제동원된 조선인들이 겪은 하시마 탄광의 노동 환경은 하시마 탄광 개발 초기의 악명 높았던 '감옥섬' 그 자체였다.

4. 전쟁 상황에 따라 멋대로 옮겨진 조선인들, 원폭피해부터 목숨 건 귀환까지

전쟁 상황의 변화에 따라, 일본 당국의 필요에 따라 조선인 노동자들의 인력 재배치가 이루어지기도 했다. 장기판 말처럼 멋대로 조선인 노동자들을 옮겨버리는 바람에 가족들이 생이별 하게 된 비극적인 '사할린 전환배치' 피해자들도 1944년 8월, 하시마로 이동했다.

일본 정부는 전시체제기 원활한 군수물자 보급 및 생산량 증대를 위해 필요에 따라 일부 탄·광산의 사업을 일시 종료시키고 노무자들을 다른 작업장으로 배치시켜 노무를 계속하게 하는 정책을 시행하였다. 전쟁 상황이 악화되어 사할린 지역에서 생산되는 석탄의 해상 수송이 곤란해지자, 1944년 8월 「가라후토(樺太) 및 구시로 탄광 근로자, 자재 등의 급속전환에 관한 건」 각의 결정에 의해 노무자의 '전환 배치'를 실시하였다. 남사할린 지역에 가동 중이던 26개

---

44) 진상조사보고서, 30쪽.

소 탄광 가운데 서해안 탄전지구의 14개소 탄광이 정리되고 인원(조선인 3,000명, 일본인 6,000명) 및 생산자재가 일본 본토로 긴급 배치되었다. 조선인들은 1944년 8월 19일부터 3일간 징용령을 받고, 8월 25일부터 9월 16일까지 일본 본토에 입항했다.

이들은 후쿠오카(福岡) 17개소 탄광, 후쿠시마(福島) 1개소 탄광, 나가사키(長崎) 4개소 탄광, 이바라키(茨城) 4개소 탄광 등 총 4개현 26개소 탄광으로 '전환배치'되었다. 작업장 배치 원칙은 동일한 계열 회사였다. 전환배치 된 조선인들은 사할린보다 더욱 열악한 환경에서 사고사를 빈번하게 맞이하기도 했고 가족과 헤어지는 비극도 겪었다. 전환 배치된 조선인 노무자들은 대부분 사할린에 가족을 남겨두고 떠났으며 가족을 데려다주겠다는 약속은 지켜지지 않았다.[45] 전쟁이 끝나고 사할린에 소련 정권이 들어서자 사할린과 일본에 각각 떨어져 있던 가족들은 대부분 재회할 수 없었다.

사할린에서 미쓰비시 다카시마탄광으로 전환배치된 정복수의 회상에 따르면 다카시마광업소로 전환배치된 조선인들은 '큰 섬인 다카시마와 작은 섬인 하시마로 나누어 배치되었다'고 한다.[46]

사할린에서 하시마 탄광을 비롯한 규슈 지역의 해저탄광으로 전환배치된 조선인 노무자들은 사할린과 다른 노동 환경에 적응하기 힘들었다. 사할린의 작업장은 대량채탄과 수송을 위해 기계 설비를 갖추었으나 하시마 탄광은 인력에 의존하여 채탄을 하였다. 갱내수

---

45) 일제강점하 강제동원 피해진상규명위원회,『사할린 '이중징용' 피해 진상조사』, 2007년 8월, 29~37쪽. 일제강점하 강제동원 피해진상규명위원회,『지독한 이별』, 2007년 12월, 14~16쪽.
46)『지독한 이별』, 338쪽.

가 비처럼 쏟아지고 온도·습도가 높은 갱내는 춥고 건조한 사할린 지역의 탄광에 비해 육체적 부담이 컸다. 이때 ㈜미쓰비시광업 다카시마광업소로 전환배치된 조선인은 430명 정도였다.[47]

하시마는 사할린에 비해 식량 사정도 좋지 않았다. 사할린에서 전환배치된 김씨 할아버지는 '사할린에서는 군산항에서 선적한 쌀로 밥을 먹었으나, 하시마에서는 사람이 차마 먹을 수 없는 식사로 겨우 목숨만 유지하였다'고 기억하였다.[48]

1943년 여름에는 하시마의 조선인 노동자 350명이 중국인 포로 350명과 교환되어 미쓰비시의 나가사키 조선소로 배치되는 일이 있었다. 경남 의령 출신의 김씨 할아버지는 '당시 하시마에 있던 의령 사람 350명은 모두 섬에서 나와 조선소로 이동하였다. 조선소에서 미군 포로와 쇳덩어리를 나르는 일을 2인 1조로 하였다. 헌병이 칼을 차고 감시하였다'고 회상하였다.[49]

1945년 8월 9일, 나가사키시에 원자폭탄이 투하되면서 하시마 탄광으로 강제동원된 조선인들은 원폭피해도 경험했다. 하시마 탄광으로 강제동원된 의령출신자들이 이동했던 미쓰비시 나가사키조선소는 폭심지에서 4km 반경에 포함되어 피해가 심했다. 하시마에서 나가사키 조선조로 이동했던 의령 출신의 서씨 할아버지는 피폭당한 후 반년 동안 각혈을 하였다.[50]

---
47) 『사할린 '이중징용' 피해 진상조사』, 45쪽, 83~84쪽.
48) 『진상조사보고서』, 31쪽.
49) 『진상조사보고서』, 31쪽.
50) 長崎在日朝鮮人の人權を守る会, 앞의 책(2011), 31~32쪽.

나가사키시에 원폭이 투하된 후, 하시마 탄광의 조선인 노동자들은 나가사키 시내 복구 작업에 투입되어 잔류 방사능에 노출되기도 했다.[51]

하시마에서 나가사키시로 복구 작업을 나갔던 박씨 할아버지는 '나가사키 시내에 나가서 시체를 치우는 일을 하였으나 배가 고파서 시내 복구 작업은 제대로 할 수 없었다'고 회상했다. 원자 폭탄으로 재가 되어버린 사람들을 목격한 기억을 '험한 꼴'을 보았다고 표현했다.

팔월 달에 (원자폭탄이) 떨어졌는데, 며칠 있응께로 나가사키로 소지(청소)를 하라 그래. 열흘간 놀고 있응게. 전기가 이렇게 물속으로 70리를 전기로 뽑아 들였어. 그 전기 힘으로 기계가 왔다갔다하고 일을 한다 그 말이여.(하시마 탄광은 1945년 7월 말, 공습으로 다카시마의 발전소가 파괴되어 전기를 공급받지 못하게 되었다. 갱내 배수가 불가능해지자 갱내가 침수되어 이때부터 4개월간 채탄이 중지되었다— 인용자 주) 팔월 한... 10일간 놀고 있응게로 소지(청소)를 하러 오라 그래. 나가사키로. 나가사키로 소지를 하러 가니, 어떤 놈이 소지해. 배는 고파 뒤지지. 배는 고파 죽겠는데 어떤 놈이 소지를 해. 워메, 사람이 이렇게 죽었나벼 하고 보면 어디 재가 그렇게 되야 부러. 없어. 폭신폭신해. 뼈고 뭐이고 다 시커매. 어이고 그래갖고 세상살이를, 아이고 험한 일을 다 보고.[52]

---

51) 허광무,「戰時期 朝鮮人 勞務者 强制動員과 原爆被害 – 히로시마·나가사키의 地域的 特徵을 中心으로–」,『韓日民族問題硏究』제20호, 2011.6, 46~49쪽.
52) 진상조사보고서, 31~32쪽.

해방 이후까지 하시마에 남아 있던 조선인 노무자들의 귀국 과정도 험난했다. 탄광에서 귀국조치를 해주었다고 이야기하는 경우는 별로 없었으며 개인적으로 차비와 배를 구하여 귀국하였다. 개인적으로 구한 배는 '밀선' 또는 '야매배'라고 부르는 작은 배였다. 귀국 당시 귀국 여비 등을 받았다고 기억하는 할아버지들은 거의 없었다.

어서 나가자고 야매배를 탈라고. 인제 뭔 배든지 탈라고. 그래서 알선을 막 했어. 뭔 배라도 타고 나갈라고 한꼐로 목선을 가지고 왔더만. 목선, 나무배라 그 말이여. 기계 큰 배가 아니고. 배 운전수. 선장! 선장이 아 염려 말고 나갑시다. 아 이런 배를, 목선을 타고 어디를 가요? 그러니께 저...러시아, 러시아도 갔다 왔다! 그래서 그 배를 타고, 또 오다가 바람이 세갔고, 어디서 하루저녁 자고 나왔어. 그래서 마산서 우리가 떨어졌어. 험한 세상 다 살았네. 험한 세상.[53]

개인적으로 마련한 작은 배는 귀국 도중 사고 위험도 높았다. 대구 출신의 문씨 할아버지는 '어선 같은 조그만 배로 부산까지 오는 도중 몇 차례 배가 고장 났다', 하동 출신의 김씨 할아버지는 '배를 타고 오던 중 큰 풍랑을 만났다. 앞서 가던 배는 침몰하고 본인이 탄 배는 대마도에 임시 정박하였다'고 진술하였다.[54]

---
53) 진상조사보고서, 32쪽.
54) 진상조사보고서, 33쪽.

어쩌다가 조선인 노동자들이 평생 살며 듣지도 보지도 못한 일본의 외딴섬 탄광에 강제로 끌려와 집에 돌아갈 때까지 모진 고생을 하게 되었는지. 그 이유는 일본 홋카이도(北海道)의 한 탄광으로 강제동원되었던 어느 할아버지가 간단히 정리해 주었다.

"몇 년 기한이다, 몇 달 기한이다 그런 게 있나. 아, 전쟁 끝나야 가. 무조건 끝나야. 지든지 이기든지 좌우간. 왜정 때는 모든 전쟁 재료가 이 석탄에 달려 있으니께." [55]

---

55) 일제강점하강제동원피해진상규명위원회, 『아홉머리 넘어 북해도로-홋카이도 강제동원 피해 구술자료집』, 2009, 118쪽.

4장 하시마에서 돌아오지 못한 조선인들
조선인 화장火葬기록의 공개

비록 고생스러웠어도 바다를 건너 집에 돌아온 이들은 그래도 살아 돌아와 다행이라고 할까. 하시마에서 사고나 병으로 사망하여 집으로 돌아오지 못한 조선인들도 있었다. 조선인 노동자들은 하시마에서 어떤 사고나 병으로 사망하였을까? 주된 사망 원인은 무엇이었을까?

조선인 노동자의 사망 배경과 사망 상황에 대해 알려주는 단서가 있다. 바로 시신을 화장火葬할 때 작성된 문서, 관청에 화장 허가를 받기 위한 화장신청서와 관청에서 화장을 허가한 서류인 화장인허증이다. 화장신청서나 화장인허증에는 사망자의 인적사항, 사망원인 등이 자세히 적혀 있어 사망 당시 상황에 대해 어느 정도 파악이 가능하다.

●● 하시마에서 생산된 화장신청서

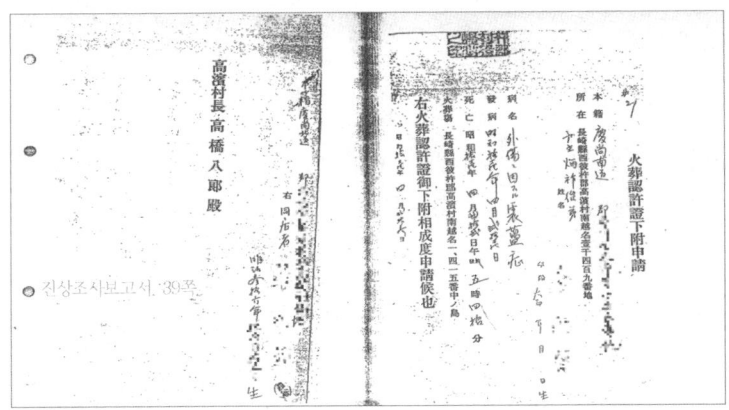

●● 화장신청서 서식

火葬認證下附申請　　　　　　　　　　제○호

본적　　○○道○○郡○○面○○里○○番地

주소　　長崎縣西彼杵郡高濱村南越名千四百九番地

호주성명 및 호주와 관계

사망자 성명

사망자 연령　　　　　　　　사망자 직업

병명

발병년월일

사망년월일

火葬場 西彼杵郡高濱村南越名字中ノ島千四百十五番地

우측 기재 내용의 화장인허증발급을 신청합니다

신청년월일

사망자와 관계

신청인 성명　㊞

신청인의 생년월일 및 본적지 주소

高濱村長　○○○○　귀하

하시마에서 생산된 화장신청서에 주로 등장하는 신청인의 신분은 동거자, 호주, 숙주[宿主 : 합숙소 주인] 세 가지이다. '숙주'는 노무자들이 합숙하는 합숙소의 주인이자 노무 관리자로 추정된다. 영·유아나 여성 사망자는 호주가 화장을 신청한 경우가 많으며 하시마에서 가족 단위로 거주한 이들로 보인다. 가족을 동거자로 표현한 경우도 있지만 숙주를 동거자로 표현한 경우도 많다. 동일한 관리자가 어느 사망자의 신청서에는 '숙주'로, 또 다른 사망자의 신청서에는 '동거자'로 표현되었다. 가족이 화장을 신청한 경우보다는 노무 관리자가 신청한 사례가 압도적으로 많으므로 가족단위로 거주한 노무자보다 독신으로 합숙소 생활을 했던 노무자가 더 큰 비중을 차지하였다고 보인다.

모든 사망자의 현주소는 당시 하시마 탄광의 주소인 '나가사키현(長崎縣) 니시소노기군(西彼杵郡) 다카하마촌(高濱村) 난고시묘(南越名) 千四百九番地'로 적혀있다. 또한 화장장은 하시마의 전용 화장터였던 '나카노시마(中ノ島)'로 모두 동일하게 기재되어 있다.

'인권을 지키는 회'는 1925년부터 1945년까지 하시마에서 사망한 일본인, 조선인, 중국인의 화장신청서 및 화장인허증을 발굴하여 1986년에 공개하였다. 이들이 공개한 문서에는 본적지가 '조선'으로 기록된 이가 122명이다. '인권을 지키는 회'가 발굴한 자료는 1925년에서 1945년 사이에 하시마에서 사망한 모든 조선인에 대한 자료는 아니다. 그러나 20년이라는 기간 동안 하시마에서 사망한 조선인 122명의 사망 정보는 하시마의 조선인 노동자에 대해 알 수 있는 매우 귀중한 자료이다.

●● 화장인허증 서식

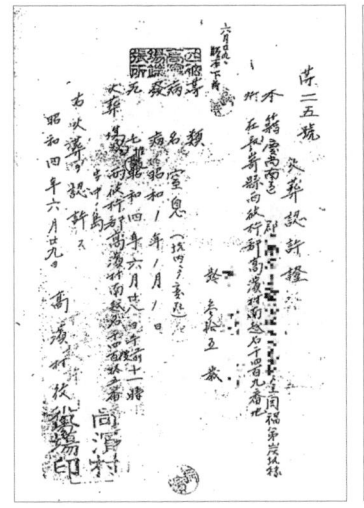

진상조사보고서, 42쪽.

1. 활자로 기록된 죽음

'인권을 지키는 회'가 발굴한 조선인 사망자 122명의 기록에 몇 가지 질문을 던지며 이리저리 살펴보았다. 첫째, 20년에 걸쳐 사망한 122명의 조선인은 어느 해에 얼마나 사망하였을까? 122명의 기록을 연도별로 정리해 보면 다음과 같다.

조선인 사망자 수는 1943년까지는 줄곧 10명 이하를 유지하였으나 1944년에는 15명, 1945년에는 17명으로 1944년부터 급격히 늘어난다. 같은 시기에 하시마에서 사망한 일본인의 연도별 사망자 추이는 어떠했는지 살펴보았더니. 일본인은 1938년을 제외하고는 사망자 수에 큰 변동이 없었다.[56]

조선인의 연도별 사망자 추이가 일본인의 형태와 다른 이유는 1938년 '국가총동원법' 제정으로 조선인 강제동원이 시작되어 1945년까지 조선인 강제동원 수가 해마다 증가한 사실에서 찾을 수 있다. 1938년에서 1940년대 초반까지의 사망자 수는 이전 시기와 크게 다른 점이 보이지 않지만, 1942년부터 상승세를 보인다. 1944년의 경우에는 전년도보다 사망률이 2배 이상 증가하였다. 조선인 사망자는 1944년과 1945년에 집중적으로 나타난다.

즉, 1938년 이후 1945년까지 강제동원된 조선인 노동자가 하시마에 이입되면서 조선인 노무자가 축적되어 감에 따라 사망자 수도 늘어났다고 볼 수 있다. 특히 1944년부터 조선인 사망자 수가 급증하는 이유는 다카시마탄갱의 조선인 노동자 수가 1944년에서 1945년 사이에 최대를 기록했다는 점을 기억하게 한다. 당시 일본 대부분의 탄광과 마찬가지로 하시마 탄광 또한 1940년대에 들어서면 사고 발생 위험이 높은 갱내에서 일하는 조선인의 비율이 높아지는 사실도 이러한 경향이 나타나는 이유로 보인다.

조선인 연도별 사망자 수

연도	1925	1926	1927	1928	1929	1930	1931	1932	1933	1934	1935	1936	1937	1938	1939	1940	1941	1942	1943	1944	1945	계
사망자수	3	5	5	8	3	4	1	1	2	4	7	5	5	5	6	9	4	5	8	15	17	122
백분율	2.5%	4.1%	4.1%	6.6%	2.5%	3.3%	0.8%	0.8%	1.6%	3.3%	5.7%	4.1%	4.1%	4.1%	4.9%	7.4%	3.3%	4.1%	6.6%	12.3%	13.9%	100%

진상조사보고서, 46쪽.

56) 진상조사보고서 47쪽.

조선인 연도별 사망자 수

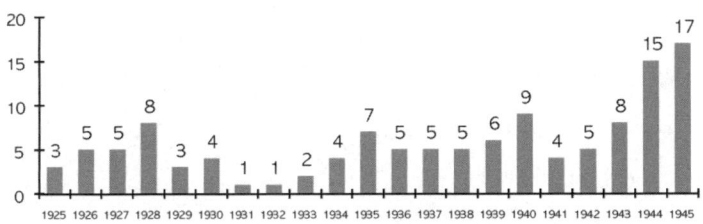

진상조사보고서, 47쪽.

1941년에 아시아태평양전쟁이 발발하면서, 일본 당국은 전쟁수행을 위한 출탄량 증산을 독려했다. 석탄증산 요구는 무리한 조업추진과 맞물려 사고로 이어질 가능성이 컸다. 강제동원되어 탄광에 투입된 조선인 노동자들은 대부분 농업인 출신으로 탄광 노동 기술을 보유하고 있지 않았다. 채탄 작업을 처음 하는 조선인들은 보통 3개월간의 훈련기간을 거치도록 규정되어 있었지만 전황이 깊어져 증산이 최우선 현안이 된 시기에는 이러한 규정이 지켜지지 않았다.[57]

전쟁수행을 위한 출탄량 증산 장려는 전쟁수행-석탄증산-무리한 조업추진과 맞물려 사고로 이어지기도 했다. 대표적인 예로 하시마탄광과 같은 해저탄광인 일본의 죠세이(長生)탄광은 안전수칙을 무시하고 채탄 작업 규제 구역에서 무리한 채탄 작업을 하다가 1942년 2월, 출수사고로 광부 180여 명이 사망하는 대참사가 일

---

57) 일제강점하 강제동원피해 진상규명위원회, 『일본 죠세이(長生)탄광 수몰사고 진상조사』, 2007.8, 38쪽~42쪽.

어났다.

일본어를 잘 알지 못하는 조선인 노무자들에게는 언어 장벽도 사고 발생 시 적절한 대응을 하는 데 차질을 주었으리라 생각한다. 1944년 3월 『나가사키일보(長崎日報)』의 기자가 쓴 하시마 탄광 취재 기사에서도 '현재 일본의 탄광 노무자 중 큰 비중을 차지하는 반도 노무자의 관리가 중요한데, 회사 측에 조선어를 이해하는 자가 없다는 점이 석탄 증산의 당면 문제 중 하나'라고 지적하며 '언어' 문제를 언급하였다.[58]

둘째, 122명의 조선인 사망자는 주로 생애의 어느 시점에 죽음을 맞이했을까? 122명의 사망 당시 연령을 살펴보았더니, 0~5세 사이의 영·유아가 전체 조선인 사망자의 22.3%를 차지하며 가장 높은 사망률을 보였다. 출생 1년 미만의 영아는 일반적으로 저항력이 약하여 다른 연령층에 비해 사망률이 높다고 알려져 있다. 위생 상태나 의료기술이 지금처럼 발전하지 않았던 당시의 시대상을 보여주는 결과이기도 하다.

영·유아 다음으로는 31세~35세 사망자가 18.2%, 21세~25세 사망자가 17.4%를 차지했다. 이어서 26세~30세 사망자는 13.2%, 41세~45세의 사망자들이 9.1%로 나타났다. 섬 전체가 탄광인 하시마에서 탄광 노동자로 활동 가능한 연령의 사망률이 특히 나타났다는 해석이 가능하다.

일본인의 상황은 어떠했는지 비교해 보았다. 조선인 화장 기록

---

[58] 前川雅夫, 앞의 책, 403~404쪽.

과 함께 발견된 같은 시기의 일본인 1,162명의 화장 기록 중, 나이가 확인되는 1,127명의 일본인을 조선인과 같은 방식으로 연령별 사망률을 확인해 보았다.[59]

일본인 역시 0~5세 사이의 영·유아 사망률이 가장 높았지만, 영·유아 사망자를 제외하면 모든 연령대에서 사망자가 고르게 나타나는 모습을 보인다. 또한 영·유아 사망률은 조선인보다 훨씬 높은 비중을 차지한다.

하시마에서 사망한 일본인들은 본래 하시마가 생활 터전이었던 까닭에 전 연령대에서 사망자가 고르게 나오고 영·유아 사망률도 월등히 높다고 보인다. 그러나 조선인 사망자, 특히 1938년 이후 일본에 의해 집단적으로 하시마에 이입된 조선인은 모국이 아닌, 본래 자신들의 생활 터전이 아닌 곳에서 사망하였다. 그리고 조선인 사망자는 청·장년층에 집중되어 있다. 이러한 점을 생각한다면 동원대상이 애초에 '노동이 가능한 연령대의 조선인'이었으므로 일본인 사망자수와 다른 경향이 나타났다고 판단된다.

따라서 하시마의 조선인은 일본인에 비해 탄광 노동자로 활동이 가능한 '청장년층'이 집중적으로 이입되었다고 보이며, 가족을 동반한 경우보다는 독신자의 비율이 더 높았다고 추정된다.

셋째, 조선인의 주된 사망원인은 무엇이었을까? 어린아이들(12세 이하)의 경우, 폐렴 등의 병으로 사망한 아이들이 많았다. 어느 정

---

[59] 1925년에서 1945년까지 하시마에서 사망한 일본인 사망자 명부는 長崎在日朝鮮人の人權を守る会, 앞의 책(1986), 106~136쪽 참조. 일본인 연령별 사망자수 그래프는 진상조사보고서 52쪽 참조.

도 노동 활동이 가능한 연령의 조선인(17세 이상)의 경우 질병으로 사망한 경우가 30%, 사망원인에 '외상', '타박상', '골절' 등 외부의 물리적 충격으로 인한 사망자는 14%, '질식'과 '압사' 등 탄광 매몰 사고로 인한 사망자가 18.5%였다. '변사變死'라고 기록된 이들도 26% 정도인데, '변사'라는 단어와 함께 적혀있는 사망원인은 대부분 외상이나 탄광 사고가 원인이다.

먼저, 당시의 일본 화장 기록에 많이 쓰이는 '변사變死'라는 단어에 대해 짚고 넘어갈 필요가 있다. 변사는 '병사나 노쇠 등 자연사自然死 이외의 사망, 구체적으로는 재해 · 사고에 의한 사망이나 타살 · 자살 등을 가리키는 말'이다.[60]

그런데 하시마에서 생산된 화장 기록에서는 동일한 '질식'이나 '매몰'에 의한 사망인데도 '변사'라는 단어가 기록된 경우와 그렇지 않은 경우가 있다. 단순한 표기 방식의 차이이거나 '변사'라는 단어에 '재해 · 사고에 의한 사망'이라는 뜻이 있으므로 탄광 사고로 인한 사망임을 강조하는 의미일 수도 있다. 그러나 동일한 원인에 의한 사망을 달리 처리함으로써 사망자 부조 등에 차이를 두기 위한 조치는 아니었는지 의심의 여지도 남는다.[61]

이와는 반대로 죽음의 배경에 논란이 있을 경우에 논란의 여지가 적은 '재해로 인한 사망'으로 꾸밀 가능성있다.

하시마 탄광을 운영했던 ㈜미쓰비시광업의 경우, 부조료 지급

---

[60] 三省堂, 『新明解日語辞典』, 第五版, 2011.
[61] 김명환, 「일본 나가사키현 사키토정 埋火葬認許証交付簿 등재 조선인 사망자 분석(1940~1945)」, 『한국민족운동사연구 67』, 2011.6, 282~283쪽.

기준이 어떠했는지에 대한 자세한 기록은 찾아보기 어렵다. 『三菱鑛業社史』에서는 1930~1940년대에 일어난 미쓰비시계 탄광의 재해 처리에 대해 예시를 들면서도 사후死後 조치기준에 대해서는 기록하지 않았다.[62]

다만, ㈜미쓰비시광업이 운영했던 홋카이도(北海道) 비바이(美唄)탄광의 기록에서 재해에 대한 미쓰비시의 태도를 짐작할 수 있다. 비바이탄광은 1945년 8월에 일어난 한 사고에 대해 '18명의 사망자 중 4명만이 불가항력으로 인한 사망이고, 나머지 14명은 모두 본인의 부주의'라는 기록을 남겼다. 사고의 원인은 노무자의 부주의 때문이며 회사 측은 안전대책에 만전을 기했다는 취지이다. 이는 노동자에게 재해의 책임을 전가하는 태도이다.[63]

㈜미쓰비시광업이 운영한 하시마 탄광도 이와 같은 상황에서 큰 차이는 없었으리라 생각한다.

만일 '변사'라는 단어에 '자연사 이외의 사망'이라는 해석에 무게를 둔다면 다른 예측도 가능하다. '인권을 지키는 모임'은 치쿠호 탄광 지역에서 조선인 노무자를 관리하던 한 인물의 진술을 근거로 '변사'와 '외상에 의한 사망'이 구타나 가혹행위에 의한 죽음일 가능성이 많다는 의혹을 강하게 제기하였다. 일본의 르포작가 하야시 에이다이가 수집한 증언에 의하면, 의사가 사인死因을 심장마비라고 진단한 한 조선인 노무자는 심장마비에 이르게 된 원인이 극심

---

62) 三菱鑛業セメント株式會社, 앞의 책, 388~393쪽.
63) 朝鮮人强制連行實態調査報告書編輯委員會, 『北海道と朝鮮人勞□者』, 1999, 256~257쪽. 『홋카이도 가야누마(茅沼)탄광에 강제동원된 전북 출신자의 피해 진상조사』, 55쪽.

한 구타와 가혹행위였다. 만약 이 조선인에 대해 위와 같은 화장신청서나 화장인허증을 작성한다면 사인은 '심장마비'로 기록되고 가혹행위에 대한 내용은 기록되지 않을 것이다.[64]

특히 변사자 중 '내장 손상' 또는 '심장마비'로 사망한 사망자의 경우 탄광 사고가 아닌 외부의 물리적 충격에 의한 죽음, 즉 가혹행위에 의한 죽음은 아니었는지 의심된다.

122명 중에는 병이나 탄광 재해로 인한 사망 외에 익사溺死로 사망한 조선인도 있다. 하시마 탄광은 해저탄광이므로 출수出水 사고가 나면 갱내에서 익사하는 경우도 있었다. 사망원인이 '갱내 익사'로 기재된 한 조선인은 그가 사망한 날에 하시마 탄광에서 출수 사고가 있었다는 기록이 있다.[65]

다른 2명은 '익사'에 '변사'라는 기록이 추가되었고, 1명은 '익사'로만 기재되어 있다.

사망 장소가 언급되지 않은 익사는 두 가지 가능성을 생각해 볼 수 있다. 갱내에서 출수 사고로 익사하였으나 장소가 기재되지 않았을 가능성과 하시마 주변 바다에서 익사한 경우이다. 사망일에 출수 사고 기록이 없거나 사망 장소가 '갱내'로 밝혀지지 않는 경우는 후자일 가능성이 높다.

석탄 증산을 강요하는 강도 높은 작업을 견디기 어려웠던 조선인 노무자들이 석탄 상자나 사과상자 파편을 잡고 하시마 건너편의 노모반도(野母半島)를 향해 헤엄쳐 도망을 시도했다는 진술, 헤엄치다가 힘

---
64) 長崎在日朝鮮人の人權を守る会, 앞의 책(2011), 130~131쪽.
65) 長崎在日朝鮮人の人權を守る会, 앞의 책(2011), 125~126쪽.

이 다하여 익사한 사람, 수색을 피해 깊이 잠수하다 익사체가 되어 떠오른 경우, 고향이 그리워서 바다에 뛰어들어 자살하고 싶었다는 진술 등 바다에서 익사한 이들에 관한 증언이 많기 때문이다.[66]

하시마와 마주한 노모자키초(野母崎町)의 난고리(南古里)에는 '난고시해난자무연불지비(南越名海難者無縁佛之碑)'가 있다. 이곳에는 익사한 유체가 매장되었는데 현지 시민단체는 하시마에서 헤엄쳐 도망하다가 익사한 자, 특히 조선인일 가능성이 높다고 보았다.[67]

조선인 사망원인 중 가장 많은 비율을 차지하는 병사자(病死者)의 경우도 그들의 '병'이 주로 탄광 업무로 인한 폐질환, 식량 부족으로 인한 영양실조, 비위생적인 생활환경과 열악한 노동환경에서 기인한 점을 주목해야 한다. 하시마 탄광의 조선인 노무자들은 비처럼 사방에서 떨어지는 갱내수를 맞으며 일했다.

하시마 주변의 바다는 거칠어서 조선인들의 숙소에 바닷물이 넘어 들어오기도 했고, 집중호우라도 내리면 단층 숙소는 천장에서 비가 샜다. 갱내에서 일하던 중 갈증이 심하면 갱내수를 마시는 일도 있었는데, 갱내수는 유황과 철분을 함유하고 있어 위장이 상하기 쉬웠다. 또한 갱내에는 변소가 따로 없어서 분뇨가 흘렀다. 감기나 폐렴환자, 기타 감염성 질환이 발생하기 쉬운 환경이었다.[68]

일본의 패전이 가까워질수록 식량 사정도 나빠졌다. 조선인들에게 주어지는 식사량은 강도 높은 노동을 견디기에 부족했다. 영양실

---

66) 長長崎在日朝鮮人の人權を守る会, 앞의 책(2011), 131~132, 183~197쪽..
67) 長崎在日朝鮮人の人權を守る会, 앞의 책(1986), 139쪽.
68) 林えいだい, 앞의 책(2010), 166쪽.

조와 부족한 식량 배급도 사망에 이르는 하나의 원인이 되었다고 보인다. 하시마 탄광으로 동원되었던 어느 할아버지의 이야기를 들어보자.

> 병이 나서 일을 쉬는 사람은 하루에 한 끼밖에 나오지 않았다. 같은 마을에서 온 이씨는 갱내에서 다쳤는데, 자리에 누워서 일어나지 못했다. 식사를 주지 않으니 결국 굶어 죽고 말았다. 나는 이씨의 가족에게 알려주기 위해 편지를 썼는데 경찰이 보았다. 나는 바로 하시마 파출소에 끌려가서, '거짓을 썼다'고 꾸중을 듣고 15일간 구류되었다.[69]

조선인 사망자들은 사망 기록에 각자의 사망 원인이 활자로 기록되었다. 그러나 활자로 기록된 표면적인 사망 원인에는 공통점이 있다. 강제동원된 조선인들의 사망은 작업 중 현장에서 사망을 한 경우이든, 질병 또는 기타 원인에 의한 사망이든 '강제동원'으로 인해 '사망'하게 되었다는 동일한 배경이 존재했던 것이다.

2. 말로 전해진 기록 너머의 죽음

앞에서 살펴본 화장신청서나 화장인허증은 일본에 남은 기록이다. 그런데 일부 사망자들의 제적부 사망기록(한국 기록)과 화장기록(일본 기록)을 비교해 보면 사망 장소와 사망 원인에 대해 좀 더 구체적

---

[69] 百萬人の身世打鈴編輯委員會, 앞의 책, 39~399쪽.

이거나 새로운 사실이 밝혀진 경우가 있었다. 사망 장소가 화장 기록과 동일하게 적혀있는 사망자도 많지만 조금 다르게 기록된 사망자도 있기 때문이다. 또한, 유족들의 증언을 통해 기록에는 나타나지 않는 사망 당시의 상황이 드러나기도 했다. 1939년 사망한 경남 출신의 김씨의 화장火葬 기록에 적힌 사인은 '두부타박증頭部打撲症'이다. 제적부에는 그가 '하시마 병원'에서 사망하였다고 적혀 있었다. 그의 가족들은 그가 '탄광에서 일하던 중 굴이 무너져서 사망하였다'고 전해 들었다고 한다.[70]

1940년에 사망한 경남 출신의 이씨와 1941년에 사망한 경남 출신 박씨의 사망 장소는 제적부에 '하시마탄갱병원端島炭坑病院'으로 남아있었다.[71]

세 사람이 사망한 장소는 화장 기록에 나타나지 않았고 사망한 날의 재해 기록도 찾을 수 없었으나 한국의 사망기록과 유족 조사에 의해 탄광 노무자로 일하던 중 재해로 인해 사망하였다는 사실이 확실해진 셈이다.

함께 있던 동료들의 증언에 의해 가족들에게 사망 당시 상황이 자세히 전해지기도 했다. 1945년 11월에 사망한 충북 출신 유씨의 화장 기록에 적힌 사망원인은 '농독증[곪은 자리로부터 화농균이 혈액 속으로 퍼져서 부스럼이 되는 병]'이었다. 당시 유씨와 함께 하시마에 있던 동료의 전언에 의하면 그는 탄광이 무너지는 사고를 당해 하반신을 못 쓰는 상태가 되어 병원에 입원하였다고 한다. 동료가 해방 후 귀국할 때 그

---
70) 진상조사보고서, 66쪽.
71) 竹內康人, 앞의 논문, 39쪽에서 재인용.

를 데리고 오려고 하였으나 하반신이 썩어 들어가는 바람에 함께 오지 못하였다고 한다.[72]

유씨는 결국 1945년 11월에 사망하였고, 유골은 가족에게 전달되지 못했다. 화장 기록에 적힌 '농독증'이라는 사인만으로는 정확한 원인을 알기 어려웠으나 하시마에 함께 있던 동료의 증언으로 재해로 인해 사망하였음이 드러났다.

동일하게 농독증으로 1945년 10월에 사망한 전남 출신 김씨 역시 '간부가 무릎을 찼고, 그 상처가 악화되어 사망하였다'는 증언이 있었다.[73] 1945년 3월에 사망한 광주 출신 김씨는 귀국한 동료들이 '배고픔과 과로로 사망하였다'고 전하였다.[74]

김씨의 화장기록 사망원인은 '폐침윤'이다. 김씨의 죽음은 열악한 노동환경 탓이 컸음을 짐작케 한다.

경남 출신 윤씨는 화장 기록에 의하면 '1945년 8월 9일 공습으로 인해 사망'하였다. 1945년 8월 9일은 나가사키에 원자폭탄이 투하된 날이다. 화장기록 상 사망 장소는 하시마로 기록되어 있으나, 제적부 사망 장소는 '나가사키시(長崎市) 우라가미형무소(浦上刑務支所)'이다. 가족들에 의하면 윤씨는 하시마 탄광으로 강제동원되어 일을 하다가, 얼마 후 가족들을 불러 함께 생활하였다. 그러나 탄광 노동이 너무 힘들어 도망을 쳐서 숨어 다니다가 일본 경찰에 붙잡혀 형무소에 수감되었다고 한다.

---

72) 진상조사보고서, 68쪽.
73) 林えいだい, 앞의 책(1992), 79쪽.
74) 진상조사보고서, 68쪽.

우라가미형무소는 폭심지에 가까웠으므로 수용자 및 직원이 134명이 전원 사망하였다. 윤씨가 원폭 투하로 형무소에서 사망한 7일 후에 하시마에 남아있던 가족들이 사망 통보를 받고 유골을 화장하였다고 한다.[75]

화장기록의 사망 장소가 실제로 사망한 곳과 다르게 기록된 이유는 무엇일까?

이와 비슷한 일본인의 사례가 있다. 다카하마촌에 화장기록이 남은 일본인 중 '원자폭탄에 의한 재해사'라고 기재된 경우가 있다. 사망일은 원자폭탄이 투하된 날이고 폭심지 나가사키시가 아닌 다카하마촌에서 사망처리가 되었다. 이에 대해 '인권을 지키는 회'는 나가사키시에 나갔다가 하시마에 돌아왔으나 피폭으로 인해 사망하였거나, 나가사키시에서 사망한 유체가 발견되어 하시마로 유체를 운반하여 사망진단서를 받은 후 화장허가를 받은 경우를 생각해 볼 수 있다고 설명하였다.[76] 윤씨의 사례는 후자와 비슷하다고 보인다.

제적부가 멸실되어 현재 사망신고 기록 확인이 불가능하거나 사망신고 처리가 되지 않은 사망자도 있다. 이들은 일본에서 발굴된 화장 기록을 통해 하시마에서 사망한 사실이 확인되었다. 강제동원 희생자에 대한 자료 발굴의 중요성을 다시 한 번 실감하는 부분이다.

---

75) 진상조사보고서, 69쪽.
76) 長崎在日朝鮮人の人權を守る会, 앞의 책(2011), 136쪽.

3. 끝내는 이름을 잃어버린 죽음들

1945년 6월에 사망한 충남 출신 장씨는 사할린의 도로(塔路)탄광에서 1944년 8월 말에 하시마로 전환배치 되었다. 그가 사망한 후, 하시마에서 고향의 가족들에게 면사무소를 통해 사망통지를 하였다고 한다.[77]

고향의 가족들은 사망통지만 받고 유골은 받지 못하였으나, 나중에 유골은 사할린에 남겨진 부인에게 봉환된 사실이 확인되었다.[78] 유골이 가족에게 전달된 다행스러운 상황이다. 하시마에서 사망한 조선인 노동자는 화장火葬된 후, 그 유골이 가족에게 전달되어야 함이 마땅했다. 그런데 사망자의 가족들 중에는 지금까지 유골을 전달받지 못했다고 이야기하는 경우가 많다. 하시마에서 유골이 봉환된 사례를 보면 봉환 방법은 사망 소식을 전달받은 가족들이 직접 하시마로 가서 유골을 인수해 오거나, 하시마에 함께 있던 동료가 귀국하면서 전달해 주는 경우가 대부분이었다. 1944년 8월에 하시마에서 사망한 전남 출신 윤씨의 경우에는 면사무소에서 가족들에게 유골을 전달해 주었다고 한다.[79]

일본에 연고가 있거나 가족들이 일본을 방문할만한 사정이 되어 유골을 봉환할 수 있는 이들은 직접 방문하여 유골을 고향으로 봉환하는 일이 가능했다. 1942년 2월에 하시마에서 사망한 어떤이는, 일본에 있던 그의 동생이 사망 소식을 듣고 하시마에 와서 유골

---

77) 林えいだい, 앞의 책(1992), 251쪽.
78) 진상조사보고서, 68쪽.
79) 진상조사보고서, 70쪽.

을 직접 인수하였다.[80] 그러나 사망 통보는 들었어도 일본으로 갈 수 없는 상황이라면 유골은 찾기 어려웠다. 또다른 사망자의 유족은 '사망 소식은 접하였으나 일본으로 갈 여건이 마련되지 않아 유골을 찾지 못했다'고 진술하였다.[81]

사망 사실만 확인한 채 묘소 없이 제사만 지내는 유족도 있다. 미쓰비시 하시마 탄광의 유해 봉환 문제는 단지 '미봉환'에서 끝나지 않는다. 하시마 바로 옆에 놓인 작은 섬 나카노시마(中ノ島)에서 시신을 태우고 남은 유골은 다시 하시마로 가져왔다. 일부는 유족이 바로 유골을 찾아가기도 하고, 봉환되거나 유족이 찾아가기 전까지 하시마 내에 있는 사찰인 센부쿠지(泉福寺)에 안치되었다. 무연고 유골은 센부쿠지(泉福寺)에 계속 남아있었는데, 1974년 하시마 탄광이 폐광할 때 섬 전체가 폐쇄되면서 이곳의 유골을 모두 다카시마로 옮겨왔다. 콘크리트로 만들어진 다카시마의 납골 시설에 하시마에서 옮겨 온 유골항아리와 위패가 모셔졌다. 이때 나가사키의 지역 방송사인 NBC는 하시마가 폐광될 당시 모습을 촬영하여 〈군함도가 가라앉는 날〉이라는 프로그램을 제작하였다. 이 영상에는 하시마에서 다카시마로 옮겨온 유골을 안치하며 유골함에 붙어 있던 위패를 불태우는 장면이 나오는데, 이때 조선인의 이름들이 영상에 분명히 기록되었다.[82]

'인권을 지키는 회'는 하시마에서 다카시마로 옮겨 온 조선인

---
80) 진상조사보고서, 67쪽.
81) 진상조사보고서, 70쪽.
82) 長崎在日朝鮮人の人權を守る会, 앞의 책(2011), 199~205쪽.

노무자의 유골의 처리가 어떻게 이루어졌는지 추적하였다. 일단 하시마에서 옮겨 온 유골은 다카시마의 '센닌즈카(千人塚)' 지하 납골 시설[콘크리트제 반지하 납골당] 내에 안치되었다. '센닌즈카(千人塚)'는 현지 주민이 부르는 명칭이다. 실제로는 '공양탑(供養塔)'이라 새겨진 작은 비석이며 비석 아래 지하에 납골시설이 있다.

최근 한 시민운동가가 다카시마 탄광과 하시마탄광의 조선인 무연고 유골에 대해 추적한 르포 기사에 의하면 본래 이 공양탑은 1920년 4월에 다카시마 탄광에서 발생한 큰 사고의 희생자를 기리며 만든 무연고자 묘지였다. 처음에는 현재 세워진 방향에서 왼쪽을 향해 건립되었는데 하시마의 무연고 유골을 다카시마로 옮겨오면서 이 공양탑 아래 원래 잠들어 있던 무연고 유골과 함께 안치하였다고 한다.[83] 그러나 하시마 탄광에 이어 다카시마 탄광도 문을 닫게 되자 ㈜미쓰비시광업은 1988년, 다카시마에서 완전히 철수하면서 납골시설을 모두 파괴했다. 지하 납골당에 있던 100여 개의 유골 단지[하시마에서 다카시마로 옮겨 온 유골과 원래 다카시마탄광 관계자의 유골] 안의 유골 일부를 제멋대로 분골하여 작은 유골항아리에 나누어 담았다. 작은 항아리에 담긴 유골들은 '영구공양을 한다'는 구실로 인근 사찰인 긴쇼지(金松寺)에 옮겼다. 남은 유골은 '센닌즈카' 지하에 그대로 남았다고 추정되지만 유골 명부도 남아있지 않고 현재 지하 납골시설 상태도 알 수 없다.[84]

긴쇼지에 보관된 106개의 작은 유골함에는 10여 개에 일본인의

---

83) 전은옥, 〈센닌즈카의 유골은 고향에 돌아가고 싶다〉, 《오마이뉴스》, 2010년 3월 4일자.
84) 長崎在日朝鮮人の人權を守る会, 앞의 책(2011), 201쪽.

이름이 적혀 있고, 나머지에는 아무것도 적혀 있지 않다. 일본인 광부들은 대개 가족이 있었으므로 무연고 유골은 하시마 탄광이나 다카시마 탄광에서 사망한 조선인 노동자일 가능성이 크다. 그러나 이 유골들은 이름이 남아있지 않아 현재 유골의 주인과 유족을 확인할 수 없는 상황이다.

    1991년, 하시마의 화장火葬기록에서 가족의 이름을 발견한 한 유족이 미쓰비시 머티리얼[Mitsubishi Material Corporation, 미쓰비시 광업주식회사의 후신] 측에 유골 반환을 요청한 일이 있었다. 다카시마의 '센닌즈카' 아래 밀폐된 납골시설을 확인하고 싶다고 하였으나 미쓰비시는 '지금 굳이 땅을 파는 것은 죽은 이를 모독하는 일'이라며 거절했다고 한다.[85]

    미쓰비시의 성의 없는 무연고 유골 처리 과정으로 인해 이름을 잃어버린 유골은 가족에게 돌아가기 어렵게 되었다. 특히 유골문제에 있어서 미쓰비시의 책임은 결코 가볍지 않다. 유골의 이름을 다시 찾고 이 유골을 고국의 가족에게 봉환하는 일은 기업이 책임져야 할 문제이다.

---

85) 김호경·권기석·우성규 『일제 강제동원, 그 알려지지 않은 역사』, 돌베개, 2010년, 89쪽.

5장 일본 근대 석탄 산업 유적 하시마의 현재와 미래

현재 하시마는 허가 없이 상륙이 불가능한 곳이다. 하시마는 원래 섬 전체가 미쓰비시의 소유였지만 2001년에 하시마를 관할하는 다카시마정(高島町)에 무상양도되었다. 2005년에는 행정구역이 변경되면서 나가사키시(長崎市) 관할이 되었다.

탄광이 문을 닫은 이후 사람의 발길이 끊어지고 '무서운 장소'로 사람들의 입에 오르내리던 하시마는 최근에 관광지로 개발되면서 변화의 시절을 맞이했다. '귀중한 해저탄광 유적', '일본 근대화의 상징', '일본 최초의 콘크리트 아파트가 세워진 곳' 등 역사적·문화적 가치가 높다는 평가를 받으며 사람들의 시선을 끄는 중이다. 2008년에 나가사키시는 하시마의 남쪽을 정비하여 견학로를 조성하였고, 견학로에 한해 2009년 4월 22일부터 관광객이 섬에 상륙하여 섬을 둘러볼 수 있게 되었다. 섬을 발을 디딘 관광객들은 '바다 밑에서 석탄을 이렇게 캐냈구나', '이 작은 섬에서 사람들이 이렇게 살고 있었구나', '일본 최초의 아파트는 이렇게 생겼구나' 등 저마다의 감상을 지니게 될 터이다.

하시마를 유네스코 세계유산으로 등록하려는 움직임도 있다. 일본 경제산업성經濟産業省은 2006년 8월에 하시마를 포함한 메이지(明治) 시대 산업시설을 지역의 관광자원으로 활용하는 동시에 세계유산 등록을 지원하기로 결정했다. 2009년 1월, 하시마는 '규슈·야마구치의 근대화산업유산군(九州·山口の近代化産業遺産群)'의 일부로 세계유산 잠정목록에 올랐다.

유네스코 세계유산에 등재하려면 먼저 해당 유산을 잠정목록에 1년 이상 등재한 후, 정식으로 등재를 신청한다. 신청이 끝나면, 세계유산위원회에서 등재 여부를 결정한다. 잠정목록 등재 과정에 특별한 심사 절차는 없다. 잠정목록은 당사국이 앞으로 세계유산목록에 등재할 유산의 예비목록 성격을 가지며 수시로 갱신 가능하다. 즉, 하시마가 포함된 '규슈·야마구치의 근대화산업유산군'이 잠정목록에 오른 것은 일본 당국이 '규슈·야마구치의 근대화산업유산군'을 세계유산으로 등록하고자하는 의지의 표현인 셈이다.

나가사키현을 비롯한 '규슈·야마구치의 근대화산업유산군'과 관련된 지방자치단체는 가고시마현(鹿兒島縣) 지사를 의장으로 하는 '세계유산등록추진협의회'를 구성하고 2015년 세계유산 등재를 목표로 활동 중이다.[86]

---
86) '규슈·야마구치의 근대화산업유산군(The Modern Industrial Heritage Sites in Kyushu and Yamaguchi)'은 현재 유네스코 홈페이지의 잠정 목록에서도 확인할 수 있다. 잠정 목록은 유네스코한국위원회 홈페이지(http://www.unesco.or.kr) 및 유네스코 홈페이지(http://whc.unesco.org) 참조. '규슈·야마구치의 근대화산업유산군'에 대한 정보와 '세계유산등록추진협의

그런데 나가사키시에서 운영하는 하시마 관광 코스 중에는 조선인 강제동원 피해에 대한 언급은 없다. 관광객들은 안내인을 따라서 일본의 근대화 및 석탄산업 발전의 역사와 관광에 초점을 맞춘 정해진 코스만 견학한다. 조선인 강제동원 '피해 역사'는 하시마에서 보이지 않는다. '규슈·야마구치의 근대화산업유산군'을 유네스코 세계유산으로 등재하기 위한 활동을 하는 '세계유산등록추진협의회'는 하시마가 '일본 근대 공업을 뒷받침해 온 탄광'이라고 설명한다. 이 단체가 작성한 하시마 소개 내용 중에 조선인 강제동원 관련 내용은 없다. 하시마의 세계유산등재 작업을 지원하는 민간 비영리 단체 '군함도를 세계유산으로 만드는 모임(軍艦島を世界遺産にする会)'이 작성한 하시마 탄광 연표에는 '1939년 조선인 노동자가 하시마에 갱내부로 집단 이주 개시'라고 적혀 있다. 강제동원되어 온 조선인 노동자들에게 '집단 이주'라는 표현은 너무나 어울리지 않는다.[87]

하시마를 세계문화유산으로 등록하려는 움직임에 대해 국내의 한 강제동원 연구자는 '하시마가 세계문화유산이 된다면, 억울한 이들의 회한도 문화유산이 되는 셈인지….'[88]라는 의문을 제기했다. '피해자'의 입장이 더해질 때 온전한 하시마의 모습이 드러나지 않을까?

회'의 활동에 대해서는 http://www.kyuyama.jp 참조.
[87] '세계유산등록추진협의회'의 하시마 소개 내용은 홈페이지 '세계유산등록추진협의회' 홈페이지 (http://www.kyuyama.jp) 참조. '군함도를 세계 유산으로 만드는 모임(軍艦島を世界遺産にする会)'이 작성한 하시마 탄광 연표는 이 모임의 홈페이지 (http://gunkanjima.hayabusa-studio.com) 참조.
[88] '정혜경, 앞의 책(2010), 168쪽.

하시마는 탄광 개발 초기에 '감옥섬'으로 이름을 날리며 노동자들이 고통 받았던 섬이었다. 위험한 탄광 사고가 빈번하여 죽음이 항상 가까이에 자리하던 섬이었다. 한반도에서 끌려온 조선인 노동자들이 고된 노동에 시달리거나 고통스럽게 죽어 간 섬이었다. 하시마에서 죽은 조선인 중에는 유골마저 가족에게 돌아가지 못하고 일본에 남겨진 경우도 있다. 섬의 스산한 풍경은 제쳐놓고서라도, 이러한 점들을 생각하면 하시마가 사람들 입에서 '유령 출몰 장소'로 오르내리는 일은 어찌 보면 당연했다. '많은 죽음과 원한이 서린 섬'이라는 설명도 딱 들어맞는 말이다.

만일, 하시마를 찾는 관광객들이 하시마에 숨겨진 아픔을 알고 하시마를 둘러본다면 어떨까. 일본 측이 유네스코 문화유산 등재를 추진하면서 하시마의 역사에 조선인 강제동원 피해 사실을 포함한다면 어떨까. 하시마의 온전한 역사를 아는 사람이 늘어나면 하시마에 대한 인상이 지금과는 조금 달라지리라 생각한다.

하시마 탄광을 운영했던 미쓰비시재벌은 아시아태평양전쟁 기간에 군수산업으로 급성장하였다. 그 성장의 배경에는 수많은 조선인들의 육체노동이 있었다. 그러나 현재 역사 왜곡으로 유명한 '새로운 교과서를 만드는 모임' 측에 막대한 후원금을 주는 등 과거 문제에 아무 반성이 없는 대표적 우파기업으로 꼽힌다.[89] 하시마 탄광을 경영한 미쓰비시광업주식회사(現 미쓰비시 머티리얼)는 최근 한

---
89) '정혜경, 앞의 책(2010), 168쪽.

국의 한 국회의원이 발표한 전범기업 명단에도 올랐다.[90] 미쓰비시가 조선인 강제동원 피해 역사에 대해 인정하고 책임지는 모습을 보인다면 '전범기업'이라는 수식어에도 조금 변화가 생기지 않을까.

'감옥섬', '유령섬', '군함을 닮은 섬', '일본 근대화의 상징이자 귀중한 문화유산' ……. 그동안 사람들은 하시마를 여러 모습으로 말했다. 하시마에 발을 디디며 역사의 어두운 면과 조선인 강제동원 피해를 똑바로 쳐다보며 다시는 이와 같은 일이 없기를 바라는 사람들이 늘어간다면? 하시마는 '인권과 평화의 중요함을 생각하는 장소'로 또 다른 변화의 시절을 맞이할지도 모르는 일이다.

---

[90] 이명수 의원은 2011년 9월 16일, 미쓰비시광업주식회사(現 미쓰비시 머티리얼)를 포함하여 현존하는 136개 전범기업의 목록을 발표하였다. 아울러 2010년 8월 7일에는 일본전범기업의 공개사과와 배상을 촉구하기 위해 이들 기업의 입찰제한을 명시한 「국가를 당사자로 하는 계약에 관한 법률」 개정안을 발의하였다. 이명수 의원실 2011년 9월 16일 보도자료 참조. http://www.mslee.co.kr.

참고문헌 : 연도순

○ 국내 문헌

일제강점하 강제동원피해 진상규명위원회,『사할린 '이중징용' 피해 진상조사』, 2007

일제강점하 강제동원피해 진상규명위원회, 『일본 죠세이(長生)탄광 수몰사고 진상조사』, 2007

일제강점하 강제동원피해 진상규명위원회,『지독한 이별 - 사할린 이중징용 진상조사 구술기록』, 2007

정혜경, 「戰時體制期 日本 本土 朝鮮人 勞務者의 '轉換配置'」,『韓日民族問題硏究』17, 2009

정혜경,『조선 청년이여 황국신민이 되어라』, 서해문집, 2010

김호경 · 권기석 · 우성규,『일제 강제동원, 그 알려지지 않은 역사』, 돌베개, 2010

김명환, 「일본 나가사키현 사키토정 埋火葬認許証交付簿 등재 조선인 사망자 분석(1940~1945)」,『한국민족운동사연구 67』, 2011

허광무, 「戰時期 朝鮮人 勞務者 强制動員과 原爆被害 - 히로시마 · 나가사키의 地域的 特徵을 中心으로-」,『韓日民族問題硏究』제20호, 2011

○ 국외 문헌

三菱鑛業セメント株式會社,『三菱鑛業社史』, 1976

長崎在日朝鮮人の人權を守る会,『原爆と朝鮮人 第2集』, 1983

長崎在日朝鮮人の人權を守る会,『原爆と朝鮮人 第4集 - 端島の呻き声』, 1986

前川雅夫,『炭坑誌-長崎県石炭史年表』, 葦書房, 1990

長崎在日朝鮮人の人權を守る会,『原爆と朝鮮人 第5集』, 1991

百萬人の身世打鈴編輯委員會,『百萬人の身世打鈴』, 東方出版(株), 1999

朝鮮人强制連行實態調査報告書編輯委員會,『北海道と朝鮮人勞働者』, 1999

竹内康人,「三菱高島炭鉱への朝鮮人强制連行」,『在日朝鮮人史研究』第33号, 2003

林えいだい,『死者への手紙』, 明石書店, 1992

林えいだい,『筑豊·軍艦島-朝鮮人强制連行, その後』, 弦書房, 2010

堀憲昭,『長崎遊学マップ④ 軍艦島は生きている！』, 2010

長崎在日朝鮮人の人權を守る会,『軍艦島に耳を澄ませば』, 社会評論社, 2011

三省堂,『新明解日語辞典』, 第五版, 2011